SEGUNDA EDIÇÃO 2025

CHRISTIANO CASSETTARI
COORDENAÇÃO

CHRISTIANO **CASSETTARI**
AUTOR

REGISTRO CIVIL DE PESSOA JURÍDICA

2025 © Editora Foco
Coordenador: Christiano Cassettari
Autor: Christiano Cassettari
Diretor Acadêmico: Leonardo Pereira
Editor: Roberta Densa
Coordenadora Editorial: Paula Morishita
Revisora Sênior: Georgia Renata Dias
Revisora Júnior: Adriana Souza Lima
Capa Criação: Leonardo Hermano
Diagramação: Ladislau Lima e Aparecida Lima
Impressão miolo e capa: META BRASIL

Dados Internacionais de Catalogação na Publicação (CIP) de acordo com ISBD

C344r   Cassettari, Christiano
Registro civil de pessoa jurídica / Christiano Cassettari ; coordenado por Christiano Cassettari. – 2. ed. - Indaiatuba, SP : Editora Foco, 2025.

112 p. ; 17cm x 24cm.

Inclui bibliografia e índice.

ISBN: 978-65-6120-495-8

1. Direito. 2. Direito notarial e registral. 3. Registro civil. 4. Pessoa jurídica. I. Título.

2025-1489   CDD 341.411   CDU 347.961

Elaborado por Vagner Rodolfo da Silva – CRB-8/9410
Índices para Catálogo Sistemático:
1. Direito notarial e registral 341.411
2. Direito notarial e registral 347.961

DIREITOS AUTORAIS: É proibida a reprodução parcial ou total desta publicação, por qualquer forma ou meio, sem a prévia autorização da Editora FOCO, com exceção do teor das questões de concursos públicos que, por serem atos oficiais, não são protegidas como Direitos Autorais, na forma do Artigo 8º, IV, da Lei 9.610/1998. Referida vedação se estende às características gráficas da obra e sua editoração. A punição para a violação dos Direitos Autorais é crime previsto no Artigo 184 do Código Penal e as sanções civis às violações dos Direitos Autorais estão previstas nos Artigos 101 a 110 da Lei 9.610/1998. Os comentários das questões são de responsabilidade dos autores.

NOTAS DA EDITORA:
Atualizações e erratas: A presente obra é vendida como está, atualizada até a data do seu fechamento, informação que consta na página II do livro. Havendo a publicação de legislação de suma relevância, a editora, de forma discricionária, se empenhará em disponibilizar atualização futura.

Erratas: A Editora se compromete a disponibilizar no site www.editorafoco.com.br, na seção Atualizações, eventuais erratas por razões de erros técnicos ou de conteúdo. Solicitamos, outrossim, que o leitor faça a gentileza de colaborar com a perfeição da obra, comunicando eventual erro encontrado por meio de mensagem para contato@editorafoco.com.br. O acesso será disponibilizado durante a vigência da edição da obra.

Impresso no Brasil (4.2025) – Data de Fechamento (4.2025)

2025
Todos os direitos reservados à
Editora Foco Jurídico Ltda.
Rua Antonio Brunetti, 593 – Jd. Morada do Sol
CEP 13348-533 – Indaiatuba – SP

E-mail: contato@editorafoco.com.br
www.editorafoco.com.br

Ojuobá ia lá e via
Ojubahia
Xangô manda chamar Obatalá guia
Mamãe Oxum chora lagrimalegria
Pétalas de Iemanjá Iansã-Oiá ia
Ojubá ia lá e via
Ojubahia
Obá
(*Milagres do Povo – Música de
Caetano Veloso que representa a Bahia,
Estado que me acolheu*)

ABREVIATURAS

AgR – Agravo Regimental
AI – Agravo de Instrumento
CC – Código Civil (Lei n10.406/2002)
C.Cív. – Câmara Cível
CJF – Centro de Estudos Judiciários do Conselho da Justiça Federal
CNJ – Conselho Nacional de Justiça
CNPJ – Cadastro Nacional de Pessoas Jurídicas do Ministério da Fazenda
CRV – Certificado de Registro de Veículo
CVM – Comissão de Valores Mobiliários
Des. – Desembargador(a)
DJ – Diário da Justiça
DJe – Diário da Justiça eletrônico
DOE – Diário Oficial do Estado
DOU – Diário Oficial da União
FGTS – Fundo de Garantia do Tempo de Serviço
IRTDPJ-BRASIL – Instituto de Registro de Títulos e Documentos e de Pessoas Jurídicas do Brasil
LRP – Lei dos Registros Públicos (Lei 6.015/73)
Min. – Ministro(a)
RCPJ – Registro Civil de Pessoas Jurídicas
RE – Recurso Extraordinário
Rel. – Relator(a)
REsp – Recurso Especial
RTD – Registro de Títulos e Documentos
STF – Supremo Tribunal Federal
STJ – Superior Tribunal de Justiça
T. – Turma
TJ – Tribunal de Justiça

SUMÁRIO

APRESENTAÇÃO DA COLEÇÃO IX

APRESENTAÇÃO À 1ª EDIÇÃO XI

1. UMA BREVE NOÇÃO HISTÓRICA DO RCPJ NO BRASIL 1
    1.1   A evolução histórica do sistema registral mundial, desde sua criação 1
    1.2   O surgimento dos Registros Públicos no Brasil 4
    1.3   O nascimento do Registro Civil de Pessoa Jurídica no Brasil 5

2. PRINCÍPIOS APLICÁVEIS AO RCPJ 7
    2.1   Princípio da Legalidade 7
    2.2   Princípio da Fé Pública 7
    2.3   Princípio da Instância ou Rogação 7
    2.4   Princípio da Publicidade 8
    2.5   Princípio da Qualificação 8
    2.6   Princípio da Continuidade 8
    2.7   Princípio da Concentração 9
    2.8   Princípio da Presunção Absoluta de Verdade 9

3. AS PESSOAS JURÍDICAS NO DIREITO BRASILEIRO 11
    3.1   Conceito e natureza jurídica 11
    3.2   Desconsideração da pessoa jurídica 12
    3.3   Da administração da pessoa jurídica 16
    3.4   Classificação da pessoa jurídica 18
    3.5   Das associações civis (arts. 53 a 61 do CC) 19
    3.6   Das fundações particulares (arts. 62 a 69 do CC) 21
    3.7   Das sociedades (arts. 981 a 1.141 do CC) 24
    3.8.   Empreendimentos de economia solidária (ESS) – Incluído pela Lei 15.068/2024 27
    3.9   Resumo esquemático sobre pessoa jurídica 27
    3.10   Início da existência legal 28
    3.11. Capacidade da pessoa jurídica 29

3.12	Domicílio	30
3.13	Grupos despersonalizados	30
3.14	Enunciados das Jornadas de Direito Civil do CJF sobre pessoa jurídica	32
3.15	Enunciados das Jornadas de Direito Notarial e Registral do CJF	34
3.16	Enunciados das Jornadas de Direito Comercial do CJF	35
	3.16.1 Empresa e Estabelecimento	35
	3.16.2 Direito Societário	37
	3.16.3 Obrigações empresariais, contratos e títulos de crédito	39
	3.16.4 Crise da empresa: falência e recuperação	43
	3.16.5 Comércio Internacional	47
	3.16.6 Propriedade Intelectual	48

4. DAS REGRAS REGISTRAIS APLICÁVEIS AO RCPJ 51

4.1	Das regras gerais de atribuições, escrituração, ordem de serviço, publicidade, conservação e responsabilidade do Oficial.	51
4.2	Das modificações promovidas pela Lei 14.382/2022 na escrituração do RCPJ	54
4.3	Das regras de escrituração dos atos praticados pelo RCPJ	57
4.4	Dos Livros	57
4.5	Do procedimento registral das sociedades, associações, fundações e partidos políticos	61
4.6	Do procedimento registral de jornais, oficinas impressoras, empresas de radiofusão e agência de notícias	71

5. DOS PROVIMENTOS DO CNJ E DOS ARTIGOS DO CÓDIGO NACIONAL DE NORMAS DO CNJ APLICÁVEIS AO RCPJ 75

6. DO SISTEMA ELETRÔNICO DE REGISTROS PÚBLICOS (SERP), CRIADO PELA LEI 14.382/2022, DO QUAL O RCPJ ESTÁ INCLUÍDO 79

6.1	Do sistema eletrônico de registros públicos (SERP)	79
	6.1.1 Dos objetivos e responsabilidades	79
	6.1.2 Do fundo para a implementação e custeio do sistema eletrônico dos registros públicos	80
	6.1.3 Dos extratos eletrônicos para registros ou averbações	90
	6.1.4 Da competência da Corregedoria Nacional de Justiça	90
	6.1.5 Do acesso a bases de dados de identificação	91
	6.1.6 Da Central do Registro de Títulos e Documentos e Civil de Pessoas Jurídicas – Central do RTDPJ	91

REFERÊNCIAS 95

APRESENTAÇÃO DA COLEÇÃO

A Coleção Cartórios foi criada com o objetivo de permitir aos concurseiros, tabeliães, registradores, escreventes, juízes, promotores, advogados, defensores públicos, procuradores, analistas, assessores, bem como todos os profissionais do Direito ou não, mas que trabalhem com a temática, acesso a estudo completo, profundo, atual e didático de todas as matérias que compõem o Direito Notarial e Registral.

A coleção é composta de um volume para cada especialidade de notas e registro, bem como um livro que aborda a parte geral, comum a ambos os temas, mais um que trata das peças práticas que são feitas em todas as serventias, que ajuda, não apenas os escreventes, mas também quem se prepara para a 2ª fase do concurso de cartório, que nunca teve contato com tal conteúdo prático.

A obra sobre o Registro de Imóveis contém, dentre outros temas, a parte geral do registro imobiliário, os atos ordinários e os procedimentos especiais que tramitam no ofício imobiliário. O livro de Tabelionato de Notas trata da teoria geral do Direito Notarial e dos atos praticados neste cartório, como as escrituras, os reconhecimentos de firma e a autenticação dos documentos. A parte de Registro Civil se divide em dois livros, que tratam de assuntos antagônicos, um dedicado à pessoa natural e outro à pessoa jurídica. O volume que aborda o Registro Civil das Pessoas Naturais, trata da parte geral dessa especialidade, bem como a especial, onde temos o registro de nascimento, a habilitação e o registro de casamento, o óbito e o Livro "E", dentre outros temas. Já o volume que se refere ao Registro Civil de Pessoas Jurídicas, trata dos atos em que se registram as pessoas jurídicas que não são de competência das juntas comerciais estaduais.

No livro sobre o Tabelionato de Protestos encontram-se todas as questões referentes ao protesto de títulos e documentos da dívida, estabelecidas nas leis extravagantes, dentre elas a de protesto. O livro sobre Registro de Títulos e Documentos, reúne e explica todas as atribuições desse importante cartório e, ainda, analisa outros pontos importantes para serem estudados.

Há, ainda, um volume dedicado a quem se prepara para a 2ª fase do Concurso de Cartório, contendo os modelos dos atos praticados em todas as especialidades, de maneira comentada.

A coleção ganhou esse ano o tão esperado volume sobre Teoria Geral do Direito Notarial e Registral, que aborda os aspectos da Lei dos Notários e Registradores (Lei 8.935/94).

Escolhemos um seleto grupo de autores, reconhecidos no cenário jurídico nacional, palestrantes no Brasil e no exterior, que possuem vasta experiência e vivência na área cartorial, aliando teoria e prática, bem como possuem titulação acadêmica que atesta a preocupação em estudar cada vez mais os temas dos quais escrevem.

Em todos os livros houve a preocupação em trazer ao leitor informações sobre a SERP, criada pela Lei 14.382/2022, que trouxe grandes inovações à atividade, colocando-a, definitivamente, no mundo virtual da prática de atos eletrônicos.

Outra inovação desse ano foi a inclusão de um selo dentro da coleção chamado "Prática Notarial e Registral", que levará ao público livros excepcionais de temas relevantes, objetivando aprofundar certos temas que precisam ser estudados mais a fundo, bem como os que possam ter correlação com os cartórios, ainda que de outras disciplinas, com o pensamento de trazer praticidade ao mesmo. Esse selo é inaugurado com o livro sobre "Procedimento de Dúvida no Registro de Imóveis", de autoria de Lamana Paiva, um dos mais festejados registrador imobiliário do país.

Por tais motivos esperamos que esta Coleção possa ser referência a todos que necessitam estudar os temas nela abordados. Preocupamo-nos em manter uma linguagem simples e acessível, para permitir a compreensão daqueles que nunca tiveram contato com esse ramo do Direito, reproduzindo todo o conteúdo exigido seja no dia a dia do exercício das profissões que já citei, bem como nos concursos públicos e cursos de especialização em Direito Notarial e Registral, além de exemplificar os assuntos sob a ótica das leis federais e com as posições dominantes das diversas Corregedorias-Gerais de Justiça dos Estados e dos Tribunais Superiores.

Minhas homenagens aos autores dos livros desta Coleção, que se empenharam ao máximo para que seus livros trouxessem o que de mais novo e importante existe no Direito Notarial e Registral, pela dedicação na divulgação da Coleção em suas aulas, palestras, sites, mídias sociais, *blogs*, jornais e diversas entidades que congregam, o que permitiu que ela se tornasse um sucesso absoluto em todo o país, logo em suas primeiras edições. Gostaria de registrar os meus mais sinceros agradecimentos a todas as instituições que nos ajudaram de alguma forma, especialmente a ANOREG BR, ENNOR, ARPEN BR, COLÉGIO NOTARIAL DO BRASIL, IRIB, IEPTB e IRTDPJ, na figura de seus presidentes e diretores, pelo apoio irrestrito que nos deram, para que esta Coleção pudesse se tornar um grande sucesso. Qualquer crítica ou sugestão será bem-vinda e pode ser enviada para o meu direct no Instagram @profcassettari.

Salvador, abril de 2023.

Christiano Cassettari
Coordenador e autor da Coleção
Instagram: @profcassettari.

APRESENTAÇÃO À 1ª EDIÇÃO

É com enorme alegria que apresento o presente livro, que passa a integrar nossa querida Coleção Cartórios, com o objetivo de tratar do Registro Civil de Pessoas Jurídicas.

Sempre gostei do tema, motivo pelo qual me senti motivado e desafiado a produzir essa obra.

Pensei em construir algo útil aos leitores, trazendo o que eles necessitam saber quando desejarem estudar essa especialidade de Cartório Extrajudicial, seja para se preparar para um concurso de ingresso ou remoção, já tendo tido, ou nunca, contato com ela, ou atuar nessa área, por exemplo quando se assume um cartório dessa natureza como oficial titular ou interino, ou quando nele assume a função escrevente, ou, também, para atuar como advogado que represente os interesses dos seus clientes nas questões nele afetas, bem como para conhecê-lo melhor se necessário exercer algum poder correcional.

Para isso, fiz uma breve e rápida evolução histórica do RCPJ no Brasil, por entender necessário já que essa especialidade não é tão conhecida como as demais, para, na sequência, abordamos os princípios que deverão ser aplicadas a todas as regras que norteiam essa especialidade.

Na sequência, fizemos questão de trazer um capítulo que abordasse de forma bem didática o difícil tem da pessoa jurídica, que para muitos é espinhoso, a fim de preparar o terreno para entrar no capítulo mais importante, que é o que trata dos aspectos registrais da pessoa jurídica, claro que apenas no âmbito do RCPJ.

Entre o capítulo que trata da pessoa jurídica, e o que aborda seus aspectos registrais no RCPJ, colocamos todos os enunciados das Jornadas de Direito Civil, Direito Empresarial e da novíssima de Direito Notarial e Registral, realizadas pelo CJF (Conselho da Justiça Federal), por serem importantes instrumentos de esclarecimentos de dúvidas, que vem sendo muito aplicados no dia a dia, e exigidos em concursos públicos.

Achei necessário fazer um capítulo que indicasse, de forma bem didática, quais seriam os provimentos do CNJ que tratam do RCPJ, uma vez que são tantos os que já existem atualmente, que uma divisão indicando apenas o da especialidade estudada, facilita, e muito, a pesquisa, bem como o encorajamento, que é fundamental, a lê-los na íntegra, já que complementam as regras descritas na lei.

Por fim, não poderia deixar de abordar as regras da SERP, central inovadora que trará todas as especialidades de cartórios extrajudiciais, inclusive o RCPJ.

Espero que essa obra atenda os seus anseios, e coloco-me, sempre, à disposição, para sugestões e críticas construtivas de aperfeiçoamento do nosso trabalho, no Instagram @profcassettari.

Salvador, junho de 2023.

Christiano Cassettari
Coordenador e autor da Coleção
Instagram: @profcassettari.

1
UMA BREVE NOÇÃO HISTÓRICA DO RCPJ NO BRASIL

1.1 A EVOLUÇÃO HISTÓRICA DO SISTEMA REGISTRAL MUNDIAL, DESDE SUA CRIAÇÃO

Quando o mundo entendeu que era necessário deixar boa parte das coisas que o ser humano realiza, consignado para que as próximas gerações delas tivessem acesso, ficou compreendida não apenas a importância, mas, também, o significado do verbo *registrar*, que é definido no dicionário como o ato de deixar alguma coisa escrita para sempre.

É muito comum numa reunião falarmos que gostaríamos de registrar nossa presença, ou num relacionamento escrever para a pessoa amada falando que quer que fique registrado o quanto ela é amada. Essa é a ideia.

Escrevendo sobre esse assunto, me veio à mente um fato muito interessante que mostra a necessidade do ser humano perpetuar o que acontece hoje no tempo, para que as próximas gerações tenham acesso, ocorrido na minha querida Faculdade de Direito do Largo de São Francisco (USP), onde fiz meu Doutorado e Pós-doutorado.

No dia 11 de agosto de 2003, na festa em homenagem ao centenário do Centro Acadêmico XI de Agosto da Faculdade de Direito do Largo de São Francisco (USP), uma urna de acrílico, chamada de "Arca do Centenário" foi enterrada em frente ao prédio da universidade para ser aberta em 2103, quando o XI estiver completando seu segundo centenário. Na urna foram enterrados objetos comuns aos estudantes na época, como uniformes dos times da Associação Atlética Acadêmica XI de Agosto, fotos dos formandos de 2003, resumos de obras lidas na faculdade e uma tábua de madeira que compõe as carteiras das salas da faculdade.

O XI de Agosto foi a primeira entidade estudantil brasileira e teve seus mais de 100 anos de história marcados por ativismo e pioneirismo. O voto secreto e feminino foi conquistado antes mesmo da adoção em plano nacional, provando o comprometimento com a busca de uma sociedade mais justa. Além disso, a entidade participou ativamente nas lutas sociais no decorrer de sua história, com destaque para a resistência à ditadura de Vargas, a participação nas campanhas "O petróleo é nosso", "Diretas Já" e "Fora Collor".

Segundo o professor Eduardo César Vita Marchi, diretor da Faculdade de Direito no momento do centenário do XI, "Essa valorização da memória da escola não é saudosismo, nem um mero culto. Ao lembrarmos as raízes, nós as revitalizamos". Motivos para querermos revitalizar essas raízes não faltam: ainda vivemos em uma sociedade desigual, injusta, em que o desinteresse pela política e participação social é generalizado, especialmente entre os jovens.

Nesse mesmo dia, a então Prefeita da cidade de São Paulo, Marta Suplicy, tinha assinado um decreto que oficializou o Território Livre das Arcadas do Largo São Francisco, reconhecendo a importância do espaço em frente à entrada principal (onde a arca foi enterrada), para a livre manifestação de ideias, protestos e reivindicações.

Pouco pode-se prever sobre 2103, mas de uma coisa temos convicção: quando os futuros Franciscanos desenterrarem a Arca, a indignação contra as injustiças, a vontade de participar das lutas de seu tempo e o sonho de construir um mundo melhor não serão obsoletos, pelo menos não para aqueles das Arcadas.[1]

Essa pequena história ilustra perfeitamente e com grau de clareza ímpar a importância do ato de registrar. Foi por esse motivo que nasceram, no mundo todo, os Cartórios de Registro.

Claro que o surgimento da escrita foi fundamental para que tivéssemos o modelo registral atual, pois o pressuposto mais antigo de qualquer registro é o ato a ser registrado seja escrito e não verbal.

Mas para que as informações a serem registradas fossem valiosas, com o objetivo de se ter confiabilidade no que estava escrito, surgiram os escreventes, que possuíam um encargo público de escrever e transmitir seriedade no que fazia, já que teriam como função, também, colher a vontade da população e colocá-la no papel (temos que lembrar, inclusive, que o grau de analfabetismo na época, principalmente no Brasil, era muito grande).

Wilson de Souza Campos Batalha[2] fez uma narrativa minuciosa de como o se começou a deixar fatos e atos registrados, desde a Babilônia.

O Código de Hamurabi tratava do *koudourrou*, que era a pedra onde se colocava a descrição dos limites da propriedade de um imóvel, deixando-a "registrada" para a posteridade. Como uma cópia era deixada no templo religioso, acreditava-se que a retirada indevida do marco de pedra, para confundir sobre os limites já estabelecidos, geraria uma maldição para quem o fizesse.

No Egito, além da escritura e do registro, existia o siza (que era o imposto) e o cartório ou cadastro, que tinha a função de ser o conservador dos contratos celebrados pela população.

Vale lembrar que na tradição hebraica existiam os escribas, que eram os indivíduos que podiam lavrar as escrituras, sendo eles reconhecidos não só pela confiabilidade, mas também pela rapidez.

---

1. Essa história foi contada com base na notícia divulgada no jornal "Gazeta Arcadas", disponível no site https://gazetaarcadas.com/2021/08/25/a-juventude-destas-arcadas-o-dia-em-que-o-xi-completou-100-anos/. Acesso em: 06 abr. 2023.
2. Toda evolução histórica feita daqui por diante, até os dias atuais, foram narradas por BATALHA, Wilson de Souza Campos. *Comentários à Lei dos Registros Públicos*. 2 ed. Rio de Janeiro: Forense, 1979.

No período Aristotélico na Grécia, os atos que envolviam a propriedade imobiliária passaram a ter muitas solenidades, sendo uma delas a necessidade de se conferir ampla publicidade sobre o mesmo, ganhando muita importância nessa época os *mnemons* (equivalente aos notários), os *hieromnemons* (que tinham função de arquivistas), e os *epístates* (que eram secretários).

Na tradição romana, que estabeleceu as diferenças entre *res mancipi* e *res nec mancipi*, ficou estabelecido pelos jurisconsultos que a "mancipi" (coisas mais valiosas para o cidadão romano, como a terra, a casa, os animais domésticos, os servos) só poderia ser alienada seguindo a regra da "mancipatio", uma forma de tradição solene que exigia a presença de cinco testemunhas que tinham a função de representar a comunidade, já que era uma forma "extrajudicial" de se transferir a propriedade, que se diferenciava da *in jure cessio*, que dependia de um processo judicial.

Os romanos conheceram os *notarii*, que não tinham função pública, mas eram encarregados de escrever os atos jurídicos mediante "notas". Chegando no Baixo Império, surgem os *abeliones*, que redigiam nas tabuletas (*tabulae*), e depois em protocolos. No último estágio da legislação romana, os escritos dos *abeliones* se completavam com a *insinuatio*, onde tais atos eram depositados com o *magister census*, ou o magistrado municipal, se feito em províncias, para se tornarem *scripturae publicae*.

Já no direito germânico antigo, como não era suficiente o contrato ou a imissão na posse para se fazer uma transferência imobiliária entre vivos, havia um ato que era praticado no próprio imóvel com testemunho da população, para ela se concretizar. Tempos depois passou-se a admitir uma tradição simbólica feita perante o Tribunal, onde o imóvel estava situado.

Quando a organização social e política, após a queda do Império Romano do Ocidente, passou a ser instituída como feudalismo, onde se tinham feudos de grandes extensões territoriais, ganhou importância o pacto de fidelidade entre vassalo e surreano, onde a concessão de terras era feita com uma vinculação política, ética e jurídica. Para isso, além dos atos formais junto ao *Feudorum Consuetudines*, a celebração desse ato era feita em festividades, com representantes da nobreza e do clero, cujo objetivo era dar publicidade do que estava acontecendo. Um jeito bem mais divertido de se fazer, do que temos atualmente.

No século XVI, o povo germânico deixa de utilizar a forma de tradição romana, para retornar a tradição germânica antiga, que exigia uma certificação oficial para realizar as operações imobiliárias.

Chegando no século XVIII encontramos duas formas de registro imobiliário: (i) pelas matrículas, onde se lançavam o conjunto de propriedades (*Realfolien*); ou (ii) pelo nome do proprietário (*Personalfolien*). Em 1872 o sistema é aperfeiçoado e ambas as formas são fundidas numa única (bens e nomes), sendo ele adotado no Código Civil Alemão de 1896 (BGB).

Desde a promulgação do *Code Napoleón* na França, já existia nesse país um registro público para a venda de terras e hipotecas, onde eram inscritos diariamente, pela ordem de entrega (protocolo), os atos de mutação imobiliária, para serem transcritos e dando certificado aos interessados. O referido diploma legal preocupou-se, também, em estabelecer regras para o Registro Civil das Pessoas Naturais, que à época era, ainda, realizado na Igreja.

1.2 O SURGIMENTO DOS REGISTROS PÚBLICOS NO BRASIL

No período colonial, vigorava no Brasil as Ordenações do Reino de Portugal, que davam destaque para a atividade do Tabelião, que era nomeado pela Coroa Portuguesa para atuar em todo o Reino, dispondo sobre como seriam lavradas as escrituras (atos negociais) e testamentos.

Já no Império, a declaração da independência em 1822, fez nascer a necessidade de se ter regras sobre os registros públicos de imóveis e das pessoas naturais, que em decorrência da situação terrivelmente deficitária à época, os mesmos ficaram a cargo da Igreja Católica. Essa foi uma forma econômica que o Império achou para dar solução ao problema, determinando que o registro de nascimento se comprovaria com o batismo, o de casamento com a certidão religiosa, e o óbito com a declaração da Igreja, que era a administradora dos cemitérios, o que fazia com que pessoas não católicas, como os maçons, por exemplo, tivessem que ser enterrados em outros lugares, muitas vezes inusitados, como uma Faculdade de Direito.[3] Em 1851 houve uma tentativa de institucionalizar o registro civil brasileiro, com o Decreto 798, que foi frustrada, ocorrendo, somente, com o advento da República.

Quanto à posse de terras, durante o Império, surgiu o Registro do Vigário, com o Decreto 1.318 de 30.01.1854, que regulamentou a Lei de Terras (Lei 601, de 18.09.1850).

Com a Proclamação da República começa uma revolução no Sistema Registral Brasileiro, com o governo revisando a legislação antiga, para passarem a ter total controle e gerenciamento dele.

Após a promulgação do nosso primeiro Código Civil, em 1916, no governo do Presidente Arthur Bernardes, é publicado o Decreto 4.827, de 07.02.1924, para adequar o Sistema Registral brasileiro à legislação civil.

Já com o Presidente Washington Luís, o Decreto 18.542, de 24.12.1928 unificou a realização dos registros públicos em todo o país, regra essa que só foi modificada/atualizada durante o Estado Novo, pelo Decreto 4.857, de 09.11.1939, assinado por Getúlio Vargas.

Durante o governo militar, em 1969, houve uma tentativa de readequação do Sistema Registral Brasileiro, com a edição do Decreto Lei 1.000, de 21.10.1969, que após tantas prorrogações sucessivas para o início da sua vigência nunca entrou em vigor, pois acabou sendo revogado pela atual Lei de Registros Públicos (6.015/73), que apesar de

---

3. Recomenda-se conhecer a leitura sobre a vida e morte de Julius Frank, professor maçom que lecionava na Faculdade de Direito do Largo de São Francisco (USP), que ao morrer, não foi admitido seu sepultamento em cemitério católico, motivo pelo qual os alunos o enterram dentro da faculdade, estando seu túmulo lá até hoje. Leia https://www.bbc.com/portuguese/curiosidades-49239545. Acesso em: 06 abr. 2023.

ser de 1973, teve uma *vacatio legis* enorme, pois só passou a vigorar em 31.12.1976, revogando, também o Decreto 4.857/39.

1.3 O NASCIMENTO DO REGISTRO CIVIL DE PESSOA JURÍDICA NO BRASIL

O Registro Civil de Pessoas Jurídicas foi criado somente na República, com a Lei 973, de 02.01.1903, criadora do Registro de Títulos e Documentos e Outros Papéis, na capital do país, que retirou essa função que estava sendo exercida pelos Tabeliães de Notas. Essa é a explicação do porquê essas duas especialidades funcionam juntas atualmente, em boa parte do país, pois nascerem juntas também.

A citada Lei 973/1903 foi regulamentada pelo Decreto 4.775, de 16,02,1903, que denominou o órgão registral criado como "Ofício do Registro Especial", expressão que ficou muito conhecida, sendo utilizada até a promulgação da Lei 6.015/73, que conferiu uma mesma designação para essa dupla atribuição.

Foi apenas com o Decreto 4.827, de 07.02.1924 que se alterou a legislação de 1903, para unificar os Registros Públicos Civis e adequá-los ao Código Civil de 1916, que só entrou em vigor em 1917.

O Decreto 4.857, de 09.11.1939, no período do Estado Novo, já sob a égide da Constituição Federal de 1937, surge para renovar a disciplina de execução dos serviços concernentes aos registros públicos, o qual se manteve até a vigência da atual Lei de Registros Públicos, que será o sistema a ser estudado daqui por diante.

2
PRINCÍPIOS APLICÁVEIS AO RCPJ

Seguem, abaixo, os princípios registrais que são aplicáveis ao Registro Civil das Pessoas Jurídicas.

2.1 PRINCÍPIO DA LEGALIDADE

O citado princípio, descrito no art. 37 da Constituição Federal, é o grande orientador da Administração Pública brasileira, sendo aplicado à atividade registral que possui índole pública, já que o art. 236 da Constituição Federal estabelece que o registrador exerce função pública em caráter privado, mesmo não sendo ele integrante da Administração Pública direta, nem tampouco da indireta, mas estando inserido no rol da Administração Pública *lato sensu*.

Como o registrador recebe uma delegação estatal, após ser aprovado em concurso público, lhe é outorgada uma fé pública, para prática atos com autenticidade, segurança e eficácia, na forma da lei.

Assim sendo, a atividade do registrador deverá sempre estar pautada na lei, devendo ele agir ou deixar de agir, conforme determinado na legislação vigente, lembrando que as normas administrativas do Poder Judiciário, tanto na esfera nacional quanto estadual, possuem os mesmos efeitos da lei, devendo, portanto, serem, também, respeitadas.

2.2 PRINCÍPIO DA FÉ PÚBLICA

O citado princípio, descrito no art. 3º da Lei 8.935/94, consiste na atribuição de certeza e veracidade aos atos registrais praticados pelo registrador de pessoas jurídicas, que é representado na sociedade pelas certidões que eles emitem, do conteúdo que está nos livros do cartório.

Por isso que quando alguém reclama que há um "erro na certidão", na verdade, muitas das vezes está querendo contestar o conteúdo do registro feito no livro.

2.3 PRINCÍPIO DA INSTÂNCIA OU ROGAÇÃO

Instar significa pedir. Assim, pela denominação do princípio, temos que o registrador não pode agir de ofício, ou seja, os atos por ele praticados dependem de requerimento do interessado ou outro legitimado pela lei, pessoalmente ou por procuração, motivo pelo qual é necessário não só exigir o requerimento, mas perquirir se a pessoa que o assina é realmente interessada, e possui, com isso, legitimação para tanto.

Por se tratar de princípio comum a todas as atividades registrais, o mesmo encontra-se normatizado no art. 13 da Lei 6.015/73, e, também, na parte de Registro Civil de Pessoas Jurídicas há normatização específica sobre ele para tal especialidade, no art. 121 da mesma lei, que elege como interessado, basicamente, quem tem interesse no registro.

2.4 PRINCÍPIO DA PUBLICIDADE

O princípio da publicidade determina a necessidade de que a sociedade tenha plena ciência de todos os atos praticados e arquivados no cartório, já que é franqueado amplo conhecimento aos cidadãos, que poderá acessar o conteúdo dos livros de registro por meio de certidões, e muitas vezes os próprios atos que se deseja praticar exigirá que a parte busque o que está nos livros de registros.

Claro, trata-se de uma ficção jurídica, onde se estabelece uma presunção de que tudo o que foi registrado é do conhecimento de todos, apenas pelo fato da informação estar disponível a qualquer pessoa que a requeira, quando nós sabemos que não é bem assim, pois muitos não buscam as informações necessárias que precisam no acervo registral.

A publicidade dos atos de registro de uma pessoa jurídica é constitutiva de direito, pois sua personalidade jurídica dela depende, garantindo, também, oponibilidade *erga omnes* dos direitos originados com o ato registral.

2.5 PRINCÍPIO DA QUALIFICAÇÃO

A atividade registral no Brasil não limita o registrador a, apenas, ser um mero "arquivador" de papéis ou documentos, pois a lei lhe garante o direito de qualificar o título que lhe é apresentado.

Dessa forma, o registrador é independente e possui obrigação de realizar a qualificação dos títulos que lhe são apresentados. Trata-se, portanto, a obrigatoriedade que o registrador possui de fazer um juízo de legalidade do título, para saber se possui condições legais de ingressar no acervo registral.

Não estando apto o título para ser registrado, deve o registrador devolvê-lo ao apresentante, como manda o art. 156 da Lei 6.015/73, com a competente nota de devolução, informando quais são os motivos da recusa, dentro da legalidade que lhe é imposta. Não se conformando com a recusa, é dado à parte o direito de submeter o caso ao procedimento de dúvida, onde o juiz solucionará juridicamente a dúvida, concordando, ou não, com a fundamentação da recusa do registrador.

2.6 PRINCÍPIO DA CONTINUIDADE

Esse princípio, que também é chamado de trato sucessivo, está descrito no art. 45 do Código Civil, exige que todas as alterações por que passar o ato constitutivo da pessoa jurídica, estejam sucessivamente averbadas no registro, desde sua criação até a última alteração.

2.7 PRINCÍPIO DA CONCENTRAÇÃO

Esse princípio exige que as averbações de todas as alterações feitas no ato constitutivo da pessoa jurídica sejam realizadas junto dele, bem como aquelas que se referem à responsabilidade de sua direção e gestão administrativa, para que sejam acessadas integralmente por um mesmo requerimento.

Trata-se de um princípio que é consequência natural do princípio da continuidade, que pretende delimitar o quanto de informações podem constar no registro, além daquelas que são obrigatórias por lei (art. 120 da Lei 6.015/73).

2.8 PRINCÍPIO DA PRESUNÇÃO ABSOLUTA DE VERDADE

Por força desse princípio, o registro da pessoa jurídica adquire eficácia jurídica e validade perante terceiros, com presunção *juris et de jure* (absoluta) de verdade, impossibilitando que seu conteúdo seja atacado após 03 anos de sua inscrição, quando estará saneado de qualquer vício ou defeito, conforme estabelece o parágrafo único do art. 45 do Código Civil.

3
AS PESSOAS JURÍDICAS NO DIREITO BRASILEIRO

3.1 CONCEITO E NATUREZA JURÍDICA

Pessoa jurídica é o ente constituído pelo ser humano ou pela lei, que ganhou da ordem jurídica uma personalidade distinta dos seus membros ou instituidores, adquirindo, assim, uma individualidade própria, para que possa ser titular de direitos e deveres.

A pessoa jurídica pode ser conceituada como a unidade de pessoas naturais ou de patrimônios, que visa à consecução de certos fins, reconhecida pela ordem jurídica como sujeito de direitos e obrigações.

Assim, os seus requisitos são:

a) organização de pessoas ou bens;

b) licitude de propósitos ou fins;

c) capacidade jurídica reconhecida pela norma.

Quanto à sua natureza jurídica, há várias teorias que tentam explicar se a pessoa jurídica tem ou não personalidade jurídica. Vejamos:

1) *Teoria da Ficção Legal (Savigny):* para essa teoria, a pessoa jurídica é uma ficção legal, ou seja, uma criação artificial da lei para exercer direitos patrimoniais e facilitar a função de certas atividades, pois só a pessoa natural é sujeito de direitos.

A crítica que se faz a essa teoria é que, se o Estado é pessoa jurídica, e ela é uma ficção legal, o direito (as normas) que dele emana também será. Por esse motivo, essa teoria não é a adotada pela doutrina.

2) *Teoria da Equiparação (Windscheid e Brinz):* para essa teoria, a pessoa jurídica é um patrimônio equiparado no seu tratamento jurídico às pessoas naturais. A crítica que se faz a ela é que eleva os bens à categoria de sujeito de direitos e obrigações, confundindo pessoas com coisas. Por esse motivo, essa teoria não é a adotada pela doutrina.

3) *Teoria da Realidade Objetiva ou Orgânica (Gierke e Zitelmann):* junto às pessoas naturais, que são organismos físicos, existem as pessoas jurídicas, que são organismos sociais com existência e vontade próprias, distintas das de seus membros, tendo por finalidade realizar um objetivo social. A crítica que se faz a essa teoria é que ela recai na ficção ao afirmar que a pessoa jurídica tem vontade própria, já

que a vontade é peculiar ao ser humano e não ao ente coletivo. Por esse motivo, essa teoria não é a adotada pela doutrina.

4) *Teoria da Realidade das Instituições Jurídicas (Maurice Hauriou)*: essa teoria admite um pouco de verdade nas anteriores. Como a personalidade humana deriva do direito (tanto que ele privou os humanos de ter personalidade, como os escravos), da mesma forma pode concedê-la a agrupamentos de pessoas ou de bens que tenham por objetivo a realização de interesses humanos. Assim, verifica-se que de fato a ordem jurídica estatal outorga personalidade jurídica, tanto para a pessoa natural quanto para a jurídica.

É a teoria mais adequada, pois estabelece que pessoa jurídica é realidade jurídica.

Hoje a discussão parece superada, pois o *art. 49-A do CC*, incluído pela Lei 13.874/2019 (Liberdade Econômica), estabelece que a pessoa jurídica não se confunde com os seus sócios, associados, instituidores ou administradores, ou seja, possui personalidade jurídica própria.

O parágrafo único do citado artigo determina que a autonomia patrimonial das pessoas jurídicas é um instrumento lícito de alocação e segregação de riscos, estabelecido pela lei com a finalidade de estimular empreendimentos, para a geração de empregos, tributo, renda e inovação em benefício de todos.

3.2 DESCONSIDERAÇÃO DA PESSOA JURÍDICA

A pessoa jurídica tem existência distinta da dos seus membros, porém, em caso de abuso da personalidade jurídica, caracterizado pelo desvio de finalidade, ou pela confusão patrimonial, poderá o juiz decidir, a requerimento da parte ou do Ministério Público, quando lhe couber intervir no processo, que os efeitos de certas e determinadas relações de obrigações sejam estendidos aos bens particulares dos administradores ou sócios da pessoa jurídica.

Por esse motivo, a teoria da desconsideração foi desenvolvida pelos tribunais norte-americanos, quando a sociedade se desviava de suas finalidades para fraudar algo (derrubar o véu existente). Ela recebeu o nome de *disregard doctrine*, mas também pode ser chamada de teoria da penetração (nome adotado na França).

Para impedir a consumação de fraudes ou abuso de direito que prejudiquem terceiros, pode o magistrado responsabilizar os sócios ou administradores pessoalmente.

Gilberto Gomes Bruschi, Rita Dias Nolasco e Rodolfo da Costa Manso Real Amadeo[1] afirmam corretamente que a desconsideração da personalidade jurídica não é hipótese de extinção, liquidação ou dissolução da pessoa jurídica, como ocorre na falência, pois a sociedade continua a existir, tendo apenas o seu limite patrimonial desconsiderado, excepcional e episodicamente, para que a responsabilidade pelo cumprimento forçado de certa e determinada obrigação recaia tanto nos bens da sociedade quanto dos sócios.

---

1. BRUSCHI, Gilberto Gomes; NOLASCO, Rita Dias; AMADEO, Rodolfo da Costa Manso Real. *Fraudes patrimoniais e a desconsideração da personalidade jurídica no Código de Processo Civil de 2015*. São Paulo: Ed. RT, 2016, p. 138-139.

A previsão legal está no art. 50 do Código Civil, mas é aplicável, também, ao Direito do Trabalho, por força dos arts. 8º e 769 da Consolidação das Leis do Trabalho, assim como nas relações de consumo, art. 28 do Código de Defesa do Consumidor.

O art. 8º da Consolidação das Leis do Trabalho justifica a aplicação subsidiária do direito comum ao direito do trabalho para permitir a aplicação da teoria da desconsideração. Mas, qual norma deve ser aplicada *in casu*: o Código Civil ou o Código de Defesa do Consumidor? O CDC estabelece norma de tutela ao vulnerável e hipossuficiente, assemelhando-se ao objetivo de tutela do direito do trabalho, motivo pelo qual essa similitude de finalidade tutelar das normas do consumidor e trabalhistas justifica a aplicação da normatização mais ampla do direito do consumidor em detrimento do Código Civil, que apresenta hipóteses mais restritas da teoria em exame, posto que assegurará garantia mais ampla aos créditos trabalhistas.

Os princípios juslaborais chamam à aplicação do § 5º do art. 28 do CDC, que por ter uma cláusula geral, permite o seu preenchimento pelos princípios e valores da sociedade no momento de sua aplicação, como acaba ocorrendo no Direito do Trabalho, que pode e deve atribuir aspectos peculiares aos institutos que utiliza dos outros ramos da ciência do direito, em razão da natureza do crédito que é fadado a defender. Assim sendo, sempre que a autonomia patrimonial for obstáculo à satisfação do crédito trabalhista, está autorizada a desconsideração da personalidade jurídica.

Os requisitos da desconsideração da personalidade jurídica no Direito Civil estão no art. 50 do Código Civil, alterado pela Lei 13.874/2019, denominada "Lei da Liberdade Econômica". Eis a redação do artigo, com um quadro comparativo entre a redação antiga e a atual:

Redação antiga	Redação atual
Art. 50. Em caso de abuso da personalidade jurídica, caracterizado pelo desvio de finalidade, ou pela confusão patrimonial, pode o juiz decidir, a requerimento da parte, ou do Ministério Público quando lhe couber intervir no processo, que os efeitos de certas e determinadas relações de obrigações sejam estendidos aos bens particulares dos administradores ou sócios da pessoa jurídica. *Na redação antiga não existiam os §§ 1º a 5º ao lado.*	Art. 50. Em caso de abuso da personalidade jurídica, caracterizado pelo desvio de finalidade, ou pela confusão patrimonial, pode o juiz, a requerimento da parte, ou do Ministério Público quando lhe couber intervir no processo, *desconsiderá-la* para que os efeitos de certas e determinadas relações de obrigações sejam estendidos aos bens particulares de administradores ou de sócios da pessoa jurídica *beneficiados direta ou indiretamente pelo abuso.* § 1º Para os fins do disposto neste artigo, *desvio de finalidade* é a utilização da pessoa jurídica com o propósito de lesar credores e para a prática de atos ilícitos de qualquer natureza. § 2º Entende-se por *confusão patrimonial* a ausência de separação de fato entre os patrimônios, caracterizada por: I – cumprimento repetitivo pela sociedade de obrigações do sócio ou do administrador ou vice-versa;
	II – transferência de ativos ou de passivos sem efetivas contraprestações, exceto os de valor insignificante; e III – outros atos de descumprimento da autonomia patrimonial. § 3º O disposto no *caput* e nos §§ 1º e 2º deste artigo também se aplica à extensão das obrigações de sócios ou de administradores à pessoa jurídica. § 4º A mera existência de grupo econômico sem a presença dos requisitos de que trata o *caput* deste artigo não autoriza a desconsideração da personalidade da pessoa jurídica. § 5º Não constitui desvio de finalidade a mera expansão ou a alteração da finalidade original da atividade econômica específica da pessoa jurídica.

A referida lei incluiu o *art. 49-A* no CC que, expressamente, reconhece que a pessoa jurídica tem personalidade jurídica, porém distinta de seus membros, ao trazer a redação de que a pessoa jurídica não se confunde com os seus sócios, associados, instituidores ou administradores.

A Lei da Liberdade Econômica teve o objetivo de endurecer a norma que já era rígida, ou seja, tornar mais difícil a desconsideração da personalidade jurídica no Direito Civil, e claro também empresarial, sendo importante observar que a referida norma não alterou o instituto no Direito do Consumidor nem no Direito do Trabalho.

O Código de Processo Civil de 2015, nos arts. 133 a 137, criou o Incidente de Desconsideração da Personalidade Jurídica para que a mesma seja requerida.

Segundo o art. 133 do CPC/2015, o incidente de desconsideração da personalidade jurídica será instaurado a pedido da parte ou do Ministério Público, quando lhe couber intervir no processo, e deverá observar os pressupostos previstos em lei. Essa regra põe fim ao debate se poderia o magistrado desconsiderar a personalidade de ofício, pois a resposta é não.

Com a Lei n. 13.467/2017 foi incluído o **art. 855-A na CLT**, que determina a aplicação do incidente de desconsideração da personalidade jurídica, regulado no Código de Processo Civil (arts. 133 a 137), ao Processo do Trabalho, porém é o **Provimento n. 1, de 8 de fevereiro de 2019, da Corregedoria Geral da Justiça do Trabalho (CGT)** que normatiza o recebimento e processamento do incidente de desconsideração da personalidade jurídica das sociedades, nas relações trabalhistas.

O incidente de desconsideração é cabível em todas as fases do processo de conhecimento, no cumprimento de sentença e na execução fundada em título executivo extrajudicial. Dispensa-se a instauração do incidente se a desconsideração da personalidade jurídica for requerida na petição inicial, hipótese em que será citado o sócio ou a pessoa jurídica.

A instauração do incidente será imediatamente comunicada ao distribuidor para as anotações devidas.

A instauração do incidente suspenderá o processo, salvo na hipótese de a desconsideração da personalidade jurídica ser requerida na petição inicial.

O requerimento deve demonstrar o preenchimento dos pressupostos legais específicos para desconsideração da personalidade jurídica.

Instaurado o incidente, o sócio ou a pessoa jurídica será citado para manifestar-se e requerer as provas cabíveis no prazo de 15 dias.

Concluída a instrução, se necessário, o incidente será resolvido por decisão interlocutória. Se a decisão for proferida pelo relator, cabe agravo interno.

Acolhido o pedido de desconsideração, a alienação ou a oneração de bens, havida em fraude de execução, será ineficaz em relação ao requerente.

O § 2º do art. 133 do CPC/2015 incorporou no ordenamento jurídico a possibilidade de se realizar a desconsideração inversa da personalidade jurídica, já consagrada pela jurisprudência do STJ.[2]

No Direito de Família, é possível a desconsideração inversa, para imputar responsabilidade dos sócios para a pessoa jurídica quando há fraude, no caso de alimentos e partilha de bens (casamento, união estável e sucessão), bem como a criação de empresa para a administração do patrimônio do casal.

Segundo o STJ, no REsp 1.315.110-SE, rel. Min. Nancy Andrighi, j. em 28.05.2013, a *desconsideração da personalidade jurídica pode atingir sócio que não exerce a administração da sociedade*. Na hipótese em que tenha sido determinada a desconsideração da personalidade jurídica de sociedade limitada modesta na qual as únicas sócias sejam mãe e filha, cada uma com metade das quotas sociais, é possível responsabilizar pelas dívidas dessa sociedade a sócia que, de acordo com o contrato social, não exerça funções de gerência ou administração. É certo que, a despeito da inexistência de qualquer restrição no art. 50 do Código Civil de 2002, a aplicação da desconsideração da personalidade jurídica apenas deve incidir sobre os bens dos administradores ou sócios que efetivamente contribuíram para a prática do abuso ou fraude na utilização da pessoa jurídica. Todavia, no caso de sociedade limitada modesta na qual as únicas sócias sejam mãe e filha, cada uma com metade das quotas sociais, a titularidade de quotas e a administração da sociedade se confundem, situação em que as deliberações sociais, na maior parte das vezes, ocorrem no dia a dia, sob a forma de decisões gerenciais. Nesse contexto, torna-se difícil apurar a responsabilidade por eventuais atos abusivos ou fraudulentos. Em hipóteses como essa, a previsão no contrato social de que as atividades de administração serão realizadas apenas por um dos sócios não é suficiente para afastar a responsabilidade dos demais. Seria necessária, para tanto, a comprovação de que um dos sócios estivera completamente distanciado da administração da sociedade.

Como a desconsideração possui ampla aplicação em vários ramos do direito, a doutrina brasileira se dividiu criando duas correntes: a teoria maior e a teoria menor.

---

2. Direito civil. Recurso especial. Ação de dissolução de união estável. Desconsideração inversa da personalidade jurídica. Possibilidade. Reexame de fatos e provas. Inadmissibilidade. Legitimidade ativa. Companheiro lesado pela conduta do sócio. Artigo analisado: 50 do CC/2002. 1. Ação de dissolução de união estável ajuizada em 14.02.2009, da qual foi extraído o presente recurso especial, concluso ao gabinete em 08.11.2011. 2. Discute-se se a regra contida no art. 50 do CC/2002 autoriza a desconsideração inversa da personalidade jurídica e se o sócio da sociedade empresária pode requer a desconsideração da personalidade jurídica desta. 3. A desconsideração inversa da personalidade jurídica caracteriza-se pelo afastamento da autonomia patrimonial da sociedade para, contrariamente do que ocorre na desconsideração da personalidade propriamente dita, atingir o ente coletivo e seu patrimônio social, de modo a responsabilizar a pessoa jurídica por obrigações do sócio controlador. 4. É possível a desconsideração inversa da personalidade jurídica sempre que o cônjuge ou companheiro empresário valer-se da pessoa jurídica por ela controlada, ou de interposta pessoa física, a fim de subtrair do outro cônjuge ou companheiro direitos oriundos da sociedade afetiva. 5. Alterar o decidido no acórdão recorrido, quanto à ocorrência de confusão patrimonial e abuso de direito por parte do sócio majoritário, exige o reexame dos fatos e provas, o que é vedado em recurso especial pela Súmula 7/STJ. 6. Se as instâncias ordinárias concluem pela existência de manobras arquitetadas para fraudar a partilha, a legitimidade para requerer a desconsideração só pode ser daquele que foi lesado por essas manobras, ou seja, do outro cônjuge ou companheiro, sendo irrelevante o fato deste ser sócio da empresa. 7. Negado provimento ao recurso especial (REsp 1.236.916/RS, rel. Min. Nancy Andrighi, 3ª Turma, j. 22.10.2013, *DJe* 28.10.2013).

Na teoria maior, também denominada *teoria subjetiva*, usando de seu livre convencimento, o magistrado, se entender que houve fraude ou abuso de direito, pode aplicar a desconsideração da personalidade jurídica. Para tanto, é necessário fundamentação, porquanto utiliza o livre convencimento.

Já na teoria menor, *teoria objetiva*, como denomina parte da doutrina, ensina-nos Fábio Ulhoa Coelho[3] que:

> Há uma tentativa, da parte de Fábio Konder Comparato, no sentido de desvincular o superamento da pessoa jurídica desse elemento subjetivo. Elenca, então, um conjunto de fatores objetivos que, no seu modo de ver, fundamentam a desconsideração. São os seguintes: ausência do pressuposto formal estabelecido em lei, desaparecimento do objetivo social específico ou do objetivo social e confusão entre estes e uma atividade ou interesse individual de um sócio. Mas, de qualquer forma, ainda que se adote uma concepção objetiva nesses moldes, dúvida não pode haver quanto à natureza excepcional da desconsideração.

A teoria menor, baseada em critérios objetivos, tem seu âmbito de aplicação restrito ao Direito Ambiental (art. 4º da Lei 9.605/98) e ao Direito do Consumidor (art. 28, § 5º, da Lei 8.078/90), e, não se tratando desses dois casos, caberá a teoria maior, a qual exige fundamentação robusta do magistrado, por ser subjetiva, e que é a adotada pelo Código Civil, no art. 50.

Esse é o posicionamento do STJ no REsp 744.107-SP, rel. Min. Fernando Gonçalves, j. em 20.05.2008.

O STJ rejeita a desconsideração de personalidade jurídica de empresa extinta antes da ação de cobrança, conforme se verifica no julgamento do AgR no REsp 762.5-SC, rel. Min. Isabel Gallotti, 4ª Turma, j. em 16.10.2012.

A teoria menor se aplica no Direito do Trabalho, pela dificuldade de o credor conseguir provar no processo trabalhista o abuso de personalidade. Assim sendo, basta que não existam bens da empresa para responder pela execução para ser feita a desconsideração.

3.3 DA ADMINISTRAÇÃO DA PESSOA JURÍDICA

Obrigam a pessoa jurídica os atos dos administradores, exercidos nos limites de seus poderes definidos no ato constitutivo.

Agora, se a pessoa jurídica tiver administração coletiva, as decisões se tomarão pela maioria de votos dos presentes, salvo se o ato constitutivo dispuser de modo diverso. Porém, é importante frisar que *decai em 3 anos* o direito de *anular* tais decisões, quando violarem a lei ou estatuto, ou forem eivadas de *erro, dolo, simulação ou fraude*.

O art. 48, parágrafo único, do Código Civil estabelece que nessa hipótese a simulação causa anulabilidade (como no Código Civil de 1916). Ocorre que o legislador de 2002 mudou a consequência jurídica da simulação, atribuindo-lhe a sanção da nulidade, ao passar a tratá-la como causa de invalidade do negócio jurídico. Assim sendo, formou-se um descompasso no instituto, pois em regra geral acarreta nulidade e no

---

3. COELHO, Fábio Ulhoa. *Direito antitruste brasileiro*. São Paulo: Saraiva, 1995.

caso de administração coletiva de pessoa jurídica geraria anulabilidade no prazo de 3 anos (que não é nem de 4 anos, como nos casos de vícios do negócio jurídico). Dessa forma, o que prevalece? A regra especial da simulação para a pessoa jurídica ou a norma de ordem pública, que é a norma especial que impõe nulidade? Ninguém na doutrina entra nessa questão, e não há decisões sobre o tema. Em nosso sentir, como a norma de ordem pública é mais forte, ela é que deve prevalecer nesse caso, mesmo a outra sendo especial. Não se pode desprezar nulidade.

Se a administração da pessoa jurídica vier a faltar, o juiz, a requerimento de qualquer interessado, nomear-lhe-á administrador provisório.

A Lei 14.382/2022, incluiu no Código Civil o *art. 48-A*, para resolver um problema que surgiu com o isolamento social da pandemia da Covid-19: a assembleia virtual.

A norma estabelece que:

> Art. 48-A. As pessoas jurídicas de direito privado, sem prejuízo do previsto em legislação especial e em seus atos constitutivos, poderão realizar suas assembleias gerais por meio eletrônico, inclusive para os fins do disposto no art. 59 deste Código, respeitados os direitos previstos de participação e de manifestação.

Assim, com o advento da norma acima, as pessoas jurídicas poderão realizar assembleias virtuais, ainda que não exista previsão específica no seu ato constitutivo, exceto se esse contiver cláusula proibitiva. Assim sendo, é recomendável que as pessoas jurídicas modifiquem seus atos constitutivos para nele incluírem uma regulamentação sobre a assembleia virtual, de acordo com as necessidades existentes.

O edital de convocação deve sempre ser feito em conformidade com as previsões contidas no ato constitutivo, além de indicar o endereço eletrônico (link), sistema a ser usado, dia e hora designados.

Na data designada, tudo deve ser colocado em ata, inclusive deve ser realizada uma chamada para que todos se apresentem, até para que a presença fique gravada com a assembleia em mídia eletrônica.

A representação em juízo da Pessoa Jurídica, ativa e passivamente, possui regra específica contida no art. 75 do CPC, e ela se dará da seguinte forma:

> I – a União será representada pela Advocacia-Geral da União, diretamente ou mediante órgão vinculado;
>
> II – o Estado e o Distrito Federal, serão representados por seus procuradores;
>
> III – o Município, será representado por seu prefeito, procurador ou Associação de Representação de Municípios, quando expressamente autorizada;
>
> IV – a autarquia e a fundação de direito público serão representadas por quem a lei do ente federado designar;
>
> V – a massa falida, será representada pelo administrador judicial;
>
> VI – a herança jacente ou vacante, será representada por seu curador;
>
> VII – o espólio, será representado pelo inventariante;
>
> VIII – a pessoa jurídica, será representada por quem os respectivos atos constitutivos designarem ou, não havendo essa designação, por seus diretores;
>
> IX – a sociedade e a associação irregulares e outros entes organizados sem personalidade jurídica, serão representados pela pessoa a quem couber a administração de seus bens;

X – a pessoa jurídica estrangeira, será representada pelo gerente, representante ou administrador de sua filial, agência ou sucursal aberta ou instalada no Brasil;

XI – o condomínio, será representado pelo administrador ou síndico.

3.4 CLASSIFICAÇÃO DA PESSOA JURÍDICA

Quanto à nacionalidade:

a) *pessoa jurídica nacional:* organizada conforme a lei brasileira, tem sede no Brasil, conforme os arts. 1.126 a 1.133 do Código Civil;

b) *pessoa jurídica estrangeira:* organizada conforme a lei estrangeira, tem sede no exterior. Essa pessoa jurídica depende de autorização do Poder Executivo Federal[4] para funcionar, conforme os arts. 1.134 a 1.141 do Código Civil.

Quanto à estrutura interna:

a) *universitas personarum:* conjunto de pessoas que só gozam de direito coletivamente, por meio de uma vontade única, como as associações;

b) *universitas bonorum:* patrimônio personalizado, destinado a um fim que lhe dá unidade, como ocorre com as fundações.

Quanto às funções e à capacidade:

Pessoa jurídica de direito público

I) Interno: a União, os Estados, o Distrito Federal, os Municípios, os Territórios (que são órgãos da Administração Pública direta legalmente constituídos no art. 18, §§ 1º a 4º, da Constituição Federal), autarquias (INSS, INCRA, INPI, CVM, USP), associações públicas e demais entidades criadas por lei.

São exemplos de entidades criadas por lei:

a) *Fundações públicas* (art. 37, XI e § 9º, e art. 38, ambos da CF) – são aquelas fundações que possuem patrimônio voltado para atingir finalidade de interesse público. Como exemplo, citamos a FAPESP, no amparo à pesquisa, bem como a FUNARTE e a FUNASA, esta na área de saúde.

b) *Agências reguladoras* (Lei 9.986/2000) – são as pessoas jurídicas que têm a incumbência de normatizar e fiscalizar a prestação de serviço público pelos particulares. São autarquias em regime especial, tais como a ANS, ANEEL, ANATEL etc.

c) *Agências executivas* (Decreto 2.487/98) – são autarquias ou fundações públicas dotadas de regime especial qualificadas como tais pelo Poder Executivo, desde

---

4. O Decreto 11.497/2023 delega competência ao Ministro de Estado do Desenvolvimento, Indústria, Comércio e Serviços para decidir e praticar os atos de autorização de funcionamento de sociedade estrangeira no país.

que cumpram certos requisitos. Essas agências têm maior autonomia de gestão que as autarquias e fundações públicas comuns.

As pessoas jurídicas de direito público interno são civilmente responsáveis por atos dos seus agentes que nessa qualidade causem danos a terceiros, ressalvado direito regressivo contra os causadores do dano, se houver, por parte destes, culpa ou dolo.

II) Externo: Estados estrangeiros, pessoas regidas pelo Direito Internacional Público, tais como o Mercosul, a União Europeia, a ONU, a OEA, a UNESCO, a OIT e o FMI.

Salvo disposição em contrário, as pessoas jurídicas de direito público, que se tenha dado estrutura de direito privado, regem-se, no que couber, quanto ao seu funcionamento, pelas normas do Código Civil.

Pessoa jurídica de direito privado

a) *Associações civis*: conjunto de pessoas unidas para atingir certos fins.

b) *Fundações particulares*: conjunto de patrimônio destacado para atingir certo fim. Como exemplo, citamos a Fundação Roberto Marinho, a Fundação Cásper Líbero e a Fundação São Paulo (mantenedora da PUC-SP).

c) *Sociedades*: várias pessoas se obrigam, reciprocamente, num contrato escrito que a forma, a contribuir, com bens ou serviços, para o exercício de atividade econômica e a partilhar, entre si, os resultados.

d) *Organizações religiosas*: são livres a criação, a organização, a estruturação interna e o funcionamento das organizações religiosas, sendo vedado ao Poder Público negar-lhes reconhecimento ou registro dos atos constitutivos e necessários ao seu funcionamento.

e) *Partidos políticos*: os partidos políticos serão organizados e funcionarão conforme o disposto em lei específica.

f) *Empreendimentos de economia solidária (ESS) – Incluído pela Lei 15.068/2024*: são organizações coletivas que realizam atividades econômicas de forma autogerida e sem fins lucrativos. Como exemplo citamos as cooperativas de reciclagem, os grupos de agricultura familiar, as empresas cooperativas de crédito, dentre outros.

3.5 DAS ASSOCIAÇÕES CIVIS (ARTS. 53 A 61 DO CC)

As associações civis são formadas pelo conjunto de pessoas unidas para atingir certos fins. Sua normatização encontra-se prevista nos arts. 53 a 61 do Código Civil.

Constituem-se as associações pela união de pessoas que se organizam para fins não econômicos. Não há, entre os associados, direitos e obrigações recíprocos.

Admite-se que as associações desenvolvam atividade de caráter econômico desde que não haja finalidade lucrativa (*animus lucrandi*), que é a finalidade de obter lucro e dividi-lo entre seus associados, por ser isso característica das sociedades, conforme art. 981 do CC.

A Lei 14.193/2021 incluiu um parágrafo único no art. 971 do Código Civil para estabelecer que será feita a inscrição da associação que desenvolva atividade futebolística em caráter habitual e profissional, no Registro Público de Empresas Mercantis da respectiva sede, caso em que ela será considerada empresária, para todos os efeitos. Trata-se de uma exceção à regra, pois, normalmente, as associações civis, por não terem fins lucrativos, são inscritas/registradas no Cartório de Registro Civil das Pessoas Jurídicas, conforme art. 121 da Lei 6.015/73.

Explica, acertadamente, Rodrigo Xavier Leonardo[5] que as organizações sociais e as OSCIPS correspondem a duas das principais qualificações que atualmente podem ser ostentadas por uma associação.

Sob pena de nulidade, o estatuto das associações conterá:

a) a denominação, os fins e a sede da associação;

b) os requisitos para a admissão, demissão e exclusão dos associados;

c) os direitos e deveres dos associados;

d) as fontes de recursos para sua manutenção;

e) o modo de constituição e de funcionamento dos órgãos deliberativos;

f) as condições para a alteração das disposições estatutárias e para a dissolução;

g) a forma de gestão administrativa e de aprovação das respectivas contas.

Os associados devem ter iguais direitos, mas o estatuto poderá instituir categorias com vantagens especiais. O Enunciado 577 do CJF, complementa que essas categorias com vantagens especiais podem ter atribuição de peso diferenciado de voto, desde que não gere supressão das matérias previstas no art. 59 do CC.

A qualidade de associado é intransmissível, se o estatuto não dispuser o contrário. Mas o TJSP já decidiu que a previsão no estatuto de transmissão da qualidade de associado em razão de casamento ao cônjuge depende de manifestação expressa de vontade deste, sendo vedada a associação compulsória pela Constituição Federal (Ap. Civ. 9064345-12.2006.8.26.0000, 1ª Cam. Direito Privado, j. em 30.11.2010).

Se o associado for titular de quota ou fração ideal do patrimônio da associação, a transferência daquela não importará, de per si, a atribuição da qualidade de associado ao adquirente ou ao herdeiro, salvo disposição diversa do estatuto.

A exclusão do associado só é admissível havendo justa causa, assim reconhecida em procedimento que assegure direito de defesa e de recurso, nos termos previstos no estatuto. O STF já reconheceu que a exclusão de associado deve obedecer ao devido processo legal (RE 201.819/RJ, 2ª Turma, j. em 11.10.2005).

Nenhum associado poderá ser impedido de exercer direito ou função que lhe tenha sido legitimamente conferido, a não ser nos casos e pela forma previstos na lei ou no estatuto.

Compete privativamente à assembleia geral:

---

5. LEONARDO, Rodrigo Xavier. *Associações sem fins econômicos*. São Paulo: Ed. RT, 2014, p. 277.

a) destituir os administradores;

b) alterar o estatuto;

c) aprovar as contas.

Para as deliberações a que se referem os itens I e II acima, é exigida deliberação da Assembleia especialmente convocada para esse fim, cujo *quorum* será o estabelecido no estatuto, bem como os critérios de eleição dos administradores.

A convocação dos órgãos deliberativos far-se-á na forma do estatuto, garantido a 1/5 dos associados o direito de promovê-la.

Dissolvida a associação, o remanescente do seu patrimônio líquido, depois de deduzidas, se for o caso, as quotas ou frações ideais, será destinado à entidade de fins não econômicos designada no estatuto, ou, omisso este, por deliberação dos associados, à instituição municipal, estadual ou federal, de fins idênticos ou semelhantes. Por cláusula do estatuto ou, no seu silêncio, por deliberação dos associados, podem estes, antes da destinação do remanescente, receber em restituição, atualizado o respectivo valor, as contribuições que tiverem prestado ao patrimônio da associação. Não existindo no Município, no Estado, no Distrito Federal ou no Território, em que a associação tiver sede, instituição nas condições indicadas no art. 61 do CC, o que remanescer do seu patrimônio se devolverá à Fazenda do Estado, do Distrito Federal ou da União.

Como tipos de associações podemos citar a APAE (como associação pia, beneficente ou filantrópica), as creches e asilos (como associações de assistência social), a APM, a associação dos ex-alunos da USP e PUC-SP (como associações estudantis), associação de amigos de bairro, entre outras.

Questão polêmica é saber se é possível desconsiderar a personalidade jurídica de uma associação. Em que pese o Prof. Gustavo Tepedino entender possível em um famoso artigo do seu livro Temas de Direito Civil, da Editora Renovar, o entendimento não é pacífico.

Em 04.04.2017, a 3ª Turma do STJ julgou o REsp 1.398.438-SC, relatado pela Min. Fátima Nancy Andrighi, onde a relatora afirma, expressamente:

> Veja-se que, ao se desconsiderar a personalidade jurídica de uma associação, pouco restará para atingir, pois os associados não mantêm qualquer vínculo jurídico entre si, por força do artigo 53 do Código Civil.

As associações, segundo a ministra, têm a marca de serem organizadas para a execução de atividades sem fins lucrativos, propósito diferente das sociedades empresariais, que possuem finalidade lucrativa.

3.6 DAS FUNDAÇÕES PARTICULARES (ARTS. 62 A 69 DO CC)

As fundações particulares se formam pelo conjunto de patrimônio, destacado pelo seu fundador para atingir certo fim, e estão normatizadas nos arts. 62 a 69 do Código Civil.

Para criar uma fundação, o seu instituidor fará, *por escritura pública ou testamento*, dotação especial de bens livres, especificando o fim a que se destina, e declarando, se quiser, a maneira de administrá-la.

Essa regra é interessante por dois aspectos. O primeiro porque institui para uma pessoa jurídica de direito privado a necessidade do seu ato constitutivo ser criado por escritura pública, o que não é comum. E a segunda é que autoriza a criação por testamento, mas não indica a forma, motivo pelo qual entendemos que a fundação poderá ser constituída por qualquer uma das formas ordinárias de testamentos (art. 1.862 do CC), quais sejam, público, cerrado ou particular.

Conforme o parágrafo único do art. 62 do Código Civil, atualizado pela Lei 13.151/2015, a fundação *somente* poderá constituir-se para fins de:

I – assistência social;

II – cultura, defesa e conservação do patrimônio histórico e artístico;

III – educação;

IV – saúde;

V – segurança alimentar e nutricional;

VI – defesa, preservação e conservação do meio ambiente e promoção do desenvolvimento sustentável;

VII – pesquisa científica, desenvolvimento de tecnologias alternativas, modernização de sistemas de gestão, produção e divulgação de informações e conhecimentos técnicos e científicos;

VIII – promoção da ética, da cidadania, da democracia e dos direitos humanos;

IX – atividades religiosas.

Essa alteração se deve ao fato de que a redação antiga do citado dispositivo estabelecia que a fundação somente poderia ser constituída para fins religiosos, morais, culturais ou de assistência.

Por esse motivo, apesar da utilização da palavra "somente", sempre se argumentou na doutrina e jurisprudência que o rol esposado em tal dispositivo é exemplificativo, haja vista que existem fundações com outras finalidades.

Por esse motivo, o Conselho da Justiça Federal (CJF), no Enunciado 8, firmou entendimento no sentido de que "a constituição de fundação para fins científicos, educacionais ou de promoção do meio ambiente está compreendida no Código Civil, art. 62, parágrafo único", e, no Enunciado 9, que "o art. 62, parágrafo único, deve ser interpretado de modo a excluir apenas as fundações com fins lucrativos".

Com a modificação do parágrafo único do art. 62, a pergunta que se faz agora é se o rol será, a partir de agora, taxativo ou exemplificativo.

A pergunta não é muito fácil de responder.

Primeiro porque, examinando a Lei 13.151/2015, verifica-se que esse dispositivo teve o último inciso vetado pela Presidenta da República. Trata-se do inciso X, que permitia a constituição de fundações com a finalidade de habitação de interesse social.

Nas razões do veto foi dito que:

Da forma como previsto, tal acréscimo de finalidade poderia resultar na participação ampla de fundações no setor de habitação. Essa extensão ofenderia o princípio da isonomia tributária e distorceria a concorrência nesse segmento, ao permitir que fundações concorressem, em ambiente assimétrico, com empresas privadas, submetidas a regime jurídico diverso.

Por esse motivo, podemos concluir que o rol é taxativo, pois há proibição de constituir fundação nesse caso, o que implica um desejo da norma de restringir a criação de fundações a tais finalidades.

Mas o problema para tal conclusão é que o art. 31 da Lei Complementar 109/2001 estabelece que as entidades fechadas de previdência complementar organizar-se-ão sob a forma de fundação ou sociedade civil, sem fins lucrativos.

Essa hipótese não foi contemplada no Código Civil, motivo pelo qual se verifica que o rol do parágrafo único do art. 62 é exemplificativo.

Mas como harmonizar o desejo do legislador de restringir as finalidades das fundações no Código Civil, com a hipótese existente na Lei Complementar 109/2001 não contemplada pela lei civil?

Acreditamos que a melhor solução é entender que o rol previsto em todo o sistema (que inclui todas as leis) é taxativo, ou seja, que só poderá ser constituída uma fundação nos casos previstos em lei, que, necessariamente, não precisa ser o Código Civil. Cria-se, com isso, o *princípio da legalidade nas finalidades de fundações*, semelhante ao existente nos Direitos Reais.

Assim, verifica-se a hipótese de se ter a criação de fundação com finalidades não previstas no Código Civil.

Quando insuficientes para constituir a fundação, os bens a ela destinados serão, se de outro modo não dispuser o instituidor, incorporados em outra fundação que se proponha a fim igual ou semelhante.

Constituída a fundação por negócio jurídico entre vivos, o instituidor é obrigado a transferir-lhe a propriedade, ou outro direito real, sobre os bens dotados, e, se não o fizer, serão registrados, em nome dela, por mandado judicial.

Aqueles a quem o instituidor cometer a aplicação do patrimônio, ao ter ciência do encargo, formularão logo, de acordo com as suas bases (finalidade da fundação), o seu estatuto, submetendo-o, em seguida, à aprovação da autoridade competente, com recurso ao juiz. Se o estatuto não for elaborado no prazo assinado pelo instituidor, ou, não havendo prazo, em 180 dias, a incumbência caberá ao Ministério Público.

Consoante o art. 66 do Código Civil, alterado pela Lei 13.151/2015, velará pelas fundações o Ministério Público do Estado onde situadas. Se funcionarem no Distrito Federal, ou em Território, caberá o encargo ao Ministério Público do Distrito Federal e Territórios. Se estenderem a atividade por mais de um estado, caberá o encargo, em cada um deles, ao respectivo Ministério Público.

O art. 67 do Código Civil, também alterado pela Lei 13.151/2015, determina que para que se possa alterar o estatuto da fundação, é mister que a reforma:

I – seja deliberada por 2/3 dos competentes para gerir e representar a fundação;

II – não contrarie ou desvirtue o fim desta;

III – seja aprovada pelo órgão do Ministério Público no prazo máximo de 45 dias, findo o qual ou no caso de o Ministério Público a denegar, poderá o juiz supri-la, a requerimento do interessado.

Com relação à possibilidade de ser necessária a intervenção judicial, o *art. 764 do CPC* estabelece que o juiz decidirá sobre a aprovação do estatuto das fundações e de suas alterações sempre que o requeira o interessado quando:

I – ela for negada previamente pelo Ministério Público ou por este forem exigidas modificações com as quais o interessado não concorde;

II – o interessado discordar do estatuto elaborado pelo Ministério Público.

Antes de suprir a aprovação, o juiz poderá mandar fazer no estatuto modificações a fim de adaptá-lo ao objetivo do instituidor.

Quando a alteração não houver sido aprovada por votação unânime, os administradores da fundação, ao submeterem o estatuto ao órgão do Ministério Público, requererão que se dê ciência à minoria vencida para impugná-la, se quiser, em dez dias.

Tornando-se ilícita, impossível ou inútil a finalidade a que visa a fundação, ou vencido o prazo de sua existência, o órgão do Ministério Público, ou qualquer interessado, lhe promoverá a extinção, incorporando-se o seu patrimônio, salvo disposição em contrário no ato constitutivo, ou no estatuto, em outra fundação, designada pelo juiz, que se proponha a fim igual ou semelhante.

Vale lembrar que o *art. 765 do CPC* determina que qualquer interessado ou o Ministério Público promoverá em juízo a extinção da fundação quando:

I – se tornar ilícito o seu objeto;

II – for impossível a sua manutenção;

III – vencer o prazo de sua existência.

3.7 DAS SOCIEDADES (ARTS. 981 A 1.141 DO CC)

Apesar das modificações introduzidas pelo Código Civil vigente, que derrogou o Código Comercial no que tange às sociedades, ainda assim elas continuarão sendo estudadas pelo Direito Empresarial, motivo pelo qual faremos algumas breves considerações.

O art. 966 do CC estabelece que se considera empresário quem exerce profissionalmente atividade econômica organizada para a produção ou a circulação de bens ou de serviços.

O mesmo dispositivo afirma que não se considera empresário quem exerce profissão intelectual, de natureza científica, literária ou artística, ainda com o concurso de auxiliares ou colaboradores, salvo se o exercício da profissão constituir elemento de empresa.

É obrigatória a inscrição do empresário no Registro Público de Empresas Mercantis da respectiva sede, antes do início de sua atividade, segundo o art. 967 do CC.

A inscrição do empresário far-se-á mediante requerimento que contenha:

I – o seu nome, nacionalidade, domicílio, estado civil e, se casado, o regime de bens;

II – a firma, com a respectiva assinatura autógrafa que poderá ser substituída pela assinatura autenticada com certificação digital ou meio equivalente que comprove a sua autenticidade, ressalvado o disposto no inciso I do § 1º do art. 4º da Lei Complementar 123, de 14 de dezembro de 2006;

III – o capital;

IV – o objeto e a sede da empresa.

Celebram contrato de sociedade as pessoas que reciprocamente se obrigam a contribuir, com bens ou serviços, para o exercício de atividade econômica e a partilha, entre si, dos resultados. Segundo o art. 981 do CC, a atividade pode restringir-se à realização de um ou mais negócios determinados.

Salvo as exceções expressas, explica o art. 982 do CC, considera-se empresária a sociedade que tem por objeto o exercício de atividade própria de empresário sujeito a registro (art. 967); e, simples, as demais. Independentemente de seu objeto, considera-se empresária a sociedade por ações; e, simples, a cooperativa.

A sociedade empresária deve constituir-se segundo um dos tipos regulados nos arts. 1.039 a 1.092 do Código Civil, devendo a sociedade simples ser constituída em conformidade com um desses tipos, e, não o fazendo, subordina-se às normas que lhe são próprias.

Conforme o art. 983 do Código Civil, ressalvam-se as disposições concernentes à sociedade em conta de participação e à cooperativa, bem como as constantes de leis especiais que, para o exercício de certas atividades, imponham a constituição da sociedade segundo determinado tipo.

Para o Registro Civil de Pessoas Jurídicas, é importantíssima a norma do art. 1.150 do Código Civil, que determina estar o empresário e a sociedade empresária vinculados ao Registro Público de Empresas Mercantis, a cargo das Juntas Comerciais, e a sociedade simples ao Registro Civil das Pessoas Jurídicas, o qual deverá obedecer às normas fixadas para aquele registro, se a sociedade simples adotar um dos tipos de sociedade empresária.

Apesar de serem sociedades simples (Código Civil, art. 982, parágrafo único), as cooperativas devem ser registradas nas juntas comerciais dos estados, conforme doutrina e jurisprudência amplamente majoritárias.

No enunciado 69 do Conselho da Justiça Federal (CJF), temos que *as sociedades cooperativas são sociedades simples sujeitas à inscrição nas juntas comerciais*.

A mesma ideia vem descrita no art. 18 da Lei 5.764/1971 (Cooperativismo), que determina ao órgão controlador devolver, devidamente autenticadas, 2 (duas) vias à cooperativa, acompanhadas de documento dirigido à Junta Comercial do Estado, onde a entidade estiver sediada, comunicando a aprovação do ato constitutivo da requerente.

O art. 32 da Lei 8.934/1994 (Lei Registro Público das Empresas Mercantis), confirma a tese, ao estabelecer que o registro compreende:

I – a matrícula e seu cancelamento: dos leiloeiros, tradutores públicos e intérpretes comerciais, trapicheiros e administradores de armazéns-gerais;

II – O arquivamento dos documentos relativos à constituição, alteração, dissolução e extinção de firmas mercantis individuais, sociedades mercantis e cooperativas.

As Leis 8.934/1994 e 5.764/1971 são consideradas especiais frente ao Código Civil.

Na sociedade limitada, a responsabilidade de cada sócio é restrita ao valor de suas quotas, mas todos respondem solidariamente pela integralização do capital social.

Porém, a sociedade limitada pode ser constituída por 1 (uma) ou mais pessoas. Se for unipessoal, aplicar-se-ão ao documento de constituição do sócio único, no que couber, as disposições sobre o contrato social.

O art. 1.053 do Código Civil, estabelece que as regras da sociedade limitada regem-se pelas normas do Código Civil, e que nas omissões, serão aplicadas as normas da sociedade simples.

O contrato social poderá prever a regência supletiva da sociedade limitada pelas normas da sociedade anônima.

O contrato mencionará, no que couber, as indicações do art. 997 do CC, e, se for o caso, a firma social.

Abaixo estão exemplos de pessoas jurídicas que possuem personalidade jurídica de direito privado, mas que geram confusão por terem algum tipo de influência estatal:

Empresa pública: tem personalidade jurídica de direito privado, com capital exclusivo estatal e patrimônio próprio. É criada por lei para a exploração de atividade econômica que o governo precise exercer (EMURB, EPE).

Sociedade de economia mista: tem personalidade jurídica de direito privado (Súmulas 39 e 42 do STJ), criada por lei para a exploração de atividade econômica sob forma de S/A, cujas ações com direito a voto pertencem, na maioria, à União ou à entidade da administração indireta, como a DERSA.

A empresa pública e a sociedade de economia mista são regidas pelo direito privado (normas comerciais e trabalhistas), conforme o art. 173, § 1º, I a V, da Constituição Federal, e quanto ao seu funcionamento, salvo disposição em contrário, pelo Código Civil, apenas no que couber (art. 41, parágrafo único), e também por normas administrativas e tributárias, sempre com a cautela do direito público (como fazer licitação), já que lidam com recurso público.

Serviços sociais autônomos: têm personalidade de direito privado, mesmo sendo entes de cooperação do Estado. Por exemplo: SESC, SESI (Serviço Social da Indústria).

Consórcios públicos: têm personalidade jurídica de direito privado, devendo observar normas de direito público como licitação e prestação de contas.

As disposições concernentes às associações aplicam-se subsidiariamente às sociedades não personificadas (sociedade em comum e em conta de participação) e às sociedades personificadas (simples, em nome coletivo, em comandita simples, limitada, anônima, em comandita por ações, cooperativa, coligadas, nacional e estrangeira).

3.8. EMPREENDIMENTOS DE ECONOMIA SOLIDÁRIA (ESS) – INCLUÍDO PELA LEI 15.068/2024

Os empreendimentos de economia solidária (ESS), foram incluídos como pessoa jurídica de direito privado, no rol do art. 44 do CC, pela Lei 15.068/2024, também chamada Lei da Economia Solidária ou Lei Paul Singer, em homenagem a Paul Singer, austríaco-brasileiro que se dedicou à economia solidária, como professor da USP escritor, e Secretário Nacional de Economia Solidária entre 2003 e 2016, durante os governos dos presidentes da República Lula e Dilma.[6]

Eles são organizações coletivas que realizam atividades econômicas de forma autogerida e sem fins lucrativos. Como exemplo citamos as cooperativas de reciclagem, os grupos de agricultura familiar, as empresas cooperativas de crédito, dentre outros.

Economia solidária é um conceito trabalhado na economia há tempos, que reflete um conjunto de atividades econômicas que prestigia os trabalhadores, entregando-lhes o protagonismo na utilização dos meios de produção, na gestão do negócio e na distribuição dos lucros, caracterizando pela autogestão.

Conforme § 2 do art. 44 do Código Civil, as disposições concernentes às associações aplicam-se subsidiariamente aos empreendimentos de economia solidária e às sociedades que são objeto do Livro II da Parte Especial do citado código.

3.9 RESUMO ESQUEMÁTICO SOBRE PESSOA JURÍDICA

I) As pessoas jurídicas de direito público se dividem em:

  a) Pessoas jurídicas de direito público interno: elencadas no art. 41 do Código Civil:

  a) a União;

  b) os Estados, o Distrito Federal e os Territórios;

  c) os Municípios;

  d) as autarquias, inclusive as associações públicas;

  e) as demais entidades de caráter público criadas por lei.

  b) Pessoas jurídicas de direito público externo: elencadas no art. 42 do Código Civil:

  a) os Estados estrangeiros;

  b) as pessoas que forem regidas pelo direito internacional público.

II) São pessoas jurídicas de direito privado – elencadas no art. 44 do Código Civil:

  a) as associações;

  b) as fundações;

---

6. Para quem tiver interesse no tema, recomendamos a leitura de: SINGER, Paul. *Introdução à economia solidária*. São Paulo: Editora Fundação Perseu Abramo, 2002

c) as sociedades;

d) os partidos políticos;

e) as organizações religiosas;

f) os empreendimentos de economia solidária (ESS);

Veja, a seguir, um resumo esquemático do que tratamos acima:

3.10 INÍCIO DA EXISTÊNCIA LEGAL

A *pessoa jurídica de direito público* tem início com a lei que a criou (constitucional, especial, tratado), seja norma constitucional ou lei especial, bem como com os tratados internacionais.

A *pessoa jurídica de direito privado* tem início com o registro do ato constitutivo na Junta Comercial ou no Cartório de Registro Civil das Pessoas Jurídicas, dependendo de sua natureza, segundo o art. 45 do Código Civil, precedida, quando necessário, de autorização ou aprovação do Poder Executivo (como o caso da pessoa jurídica estrangeira que queira se instalar no Brasil), averbando-se no registro todas as alterações por que passar o ato constitutivo.

O art. 1.150 do Código Civil estabelece que o empresário e a sociedade empresária vinculam-se ao Registro Público de Empresas Mercantis a cargo das Juntas Comerciais, e a sociedade simples ao Registro Civil das Pessoas Jurídicas, o qual deverá obedecer às normas fixadas para aquele registro, se a sociedade simples adotar um dos tipos de sociedade empresária. Nos 30 dias subsequentes à sua constituição, a sociedade simples deverá requerer a inscrição do contrato social no Registro Civil das Pessoas Jurídicas do local de sua sede, segundo o art. 998 do Código Civil, e, se a sociedade simples que instituir sucursal, filial ou agência na circunscrição de outro Registro Civil das Pessoas Jurídicas, neste deverá também inscrevê-la, com a prova da inscrição originária.

É importante lembrar que, segundo o art. 114 da Lei de Registros Públicos (Lei 6.015/73), no Cartório de Registro Civil das Pessoas Jurídicas serão inscritos:

a) os contratos, os atos constitutivos, o estatuto ou os compromissos das sociedades civis, religiosas, pias, morais, científicas ou literárias, bem como o das fundações e das associações de utilidade pública;

b) as sociedades civis que revestirem as formas estabelecidas nas leis comerciais, salvo as anônimas;

c) os atos constitutivos e os estatutos dos partidos políticos;

d) o registro dos jornais, periódicos, oficinas impressoras, empresas de radiodifusão e agências de notícias a que se refere o art. 8º da Lei 5.250, de 09.02.1967.

O procedimento de registro das pessoas jurídicas citadas no parágrafo anterior é realizado segundo as regras contidas nos artigos 120 e 121 da Lei 6.015/73, com as alterações da Lei 14.382/2022.

Cumpre ressaltar que *decai em três anos o direito de anular a constituição das pessoas jurídicas de direito privado, por defeito do ato respectivo, contado o prazo da publicação de sua inscrição no registro*.

O registro da pessoa jurídica de direito privado declarará (art. 46 do CC):

I – a denominação, os fins, a sede, o tempo de duração e o fundo social, quando houver;

II – o nome e a individualização dos fundadores ou instituidores, e dos diretores;

III – o modo por que se administra e representa, ativa e passivamente, judicial e extrajudicialmente;

IV – se o ato constitutivo é reformável no tocante à administração, e de que modo;

V – se os membros respondem, ou não, subsidiariamente, pelas obrigações sociais;

VI – as condições de extinção da pessoa jurídica e o destino do seu patrimônio, nesse caso.

Por fim, vale ressaltar que o registro do ato constitutivo de *empresa pública* é feito na junta comercial, e da *sociedade de economia mista* será feito na junta comercial, se ela tiver natureza empresarial, e no cartório de RCPJ, se ela tiver natureza civil, mas ambos devem ser precedidos de autorização legal (art. 37, XIX, da CF).

3.11. CAPACIDADE DA PESSOA JURÍDICA

Decorre da personalidade que a ordem jurídica lhe confere com sua criação (lei ou registro). Tem direito à denominação, nacionalidade, domicílio e conta com a proteção aos direitos da personalidade (nome, marca, imagem, liberdade, privacidade, existência, segredo), conforme o art. 52 do Código Civil, no que couber. Tal dispositivo reflete o descrito na Súmula 227 do STJ, que enuncia ser a pessoa jurídica suscetível de sofrer dano moral.

Mas, para Gustavo Tepedino,[7] como esse "dano moral da pessoa jurídica" é mais restrito, pois os direitos da personalidade a ela se aplicam somente "no que couber", o mesmo deveria ser chamado de *dano institucional*.

Essa capacidade permite que a pessoa jurídica seja sujeito de direitos e deveres. Mas, como a pessoa jurídica não pode praticar pessoalmente atos da vida civil, segundo o art. 47 do Código Civil, obrigam a pessoa jurídica os atos dos administradores, exercidos nos limites de seus poderes definidos no ato constitutivo. Entretanto, se a administração da pessoa jurídica vier a faltar, o juiz, a requerimento de qualquer interessado, nomear-lhe-á administrador provisório.

Mas, se a pessoa jurídica tiver administração coletiva, as decisões se tomarão pela maioria de votos dos presentes, salvo se o ato constitutivo dispuser de modo diverso. Decai em 3 anos o direito de anular tais decisões, quando violarem a lei ou o estatuto, ou forem eivadas de erro, dolo, simulação ou fraude.

3.12 DOMICÍLIO

Segundo o art. 75 do Código Civil, o domicílio das pessoas jurídicas é:

a) da União, o Distrito Federal;

b) dos Estados e Territórios, as respectivas capitais;

c) do Município, o lugar onde funcione a administração municipal;

d) das demais pessoas jurídicas, o lugar onde funcionarem as respectivas diretorias e administrações, ou onde elegerem domicílio especial no seu estatuto ou em atos constitutivos.

Tendo a pessoa jurídica diversos estabelecimentos em lugares diferentes, cada um deles será considerado domicílio para os atos nele praticados.

Se a administração, ou diretoria, tiver a sede no estrangeiro, haver-se-á por domicílio da pessoa jurídica, no tocante às obrigações contraídas por cada uma das suas agências, o lugar do estabelecimento, sito no Brasil, a que ela corresponder.

3.13 GRUPOS DESPERSONALIZADOS

São os que não têm personalidade jurídica, pois lhes faltam requisitos indispensáveis, embora possam agir ativa e passivamente. Não há *affectio societatis* (intenção de constituir uma sociedade). Como exemplo, citamos:

---

7. TEPEDINO, Gustavo; Crise de fontes normativas. In: TEPEDINO, Gustavo; BARBOZA, Heloísa Helena; MORAES, Maria Celina Bodin de. *Código Civil interpretado conforme a Constituição da República*. Rio de Janeiro: Renovar, 2004, Parte Geral e Obrigações, v. I, p. 135.

a) sociedades irregulares: são aquelas que possuem ato constitutivo que não foi levado a registro, ou que desrespeitaram exigências legais, na sua constituição ou após dela, como a contida no art. 2.031 do Código Civil;

b) sociedade de fato: aquelas que não foram constituídas formalmente, não possuindo ato constitutivo, como o camelô, por exemplo, ou uma sociedade formada verbalmente para a realização de um negócio;

c) sociedade em comum: *vide* arts. 986 a 990 do Código Civil;

d) sociedades em conta de participação: *vide* arts. 991 a 996 do Código Civil;

e) massa falida: instituição criada por lei para exercer os direitos do falido;

f) espólio: conjunto de direitos e deveres do falecido (massa de patrimônio);

g) heranças jacente e vacante: *vide* arts. 1.819 a 1.823 do Código Civil;

h) condomínio geral ou ordinário: aquele formado quando uma coisa pertence a várias pessoas distintas – *vide* arts. 1.314 a 1.330 do Código Civil.

Uma dúvida que surge é: o condomínio edilício tem personalidade jurídica?

Para Maria Helena Diniz[8] no condomínio existe *affectio societatis* similar à fundação, que está expressa no seu ato constitutivo, motivo pelo qual ele possui personalidade jurídica. Se assim for, poderá o condomínio edilício adquirir imóveis, por exemplo, um terreno ao lado do condomínio para a criação de uma garagem que não existia, ou até mesmo a ampliação da existente, já que essas vagas se tornaram o grande problema dos centros urbanos.

Concordamos com o posicionamento de que o condomínio edilício possui personalidade jurídica, pois, ordinariamente, ele contrata funcionários e fica suscetível a uma reclamação trabalhista com consequente penhora de bens, pode ser protestado se não pagar títulos, pode abrir conta em banco, fazer aplicação financeira na Bolsa de Valores, comprar a prazo etc.

Ademais, segundo o *art. 63, § 3º, da Lei 4.591/64* (Condomínio e Incorporações), poderá ele ser dono de uma unidade autônoma, já que a referida norma autoriza a adjudicação da unidade inadimplente com a cota condominial mensal. Esse artigo dá personalidade implícita ao condomínio, pois permite que ele seja dono de uma unidade. Se ele pode ser dono de uma unidade, por que não poderia comprar o terreno ao lado do condomínio para aumentar a sua área e ampliar as vagas de garagem?

O referido posicionamento é referendado pelo CJF, no Enunciado 246. Mas, infelizmente, o STJ possui entendimento diverso, ao citar, no AgInt no REsp 1521404-PE, rel. Min. Paulo de Tarso Sanseverino, j. em 24.10.2017, que "a doutrina dominante reconhece que os condomínios edilícios não possuem personalidade jurídica, sendo, pois, entes despersonalizados; também chamados de entes formais, com a massa falida e o espólio".

Para quem entende que o nascituro não possui personalidade formal, advoga a tese de ele ser um ente despersonalizado, pensamento minoritário atualmente.

---

8. DINIZ, Maria Helena. *Curso de direito civil brasileiro*. Teoria geral do direito civil. 25. ed. São Paulo: Saraiva, 2018, v. 1, p. 339.

3.14 ENUNCIADOS DAS JORNADAS DE DIREITO CIVIL DO CJF SOBRE PESSOA JURÍDICA

En. 7

Art. 50: Só se aplica a desconsideração da personalidade jurídica quando houver a prática de ato irregular e, limitadamente, aos administradores ou sócios que nela hajam incorrido.

En. 8

Art. 62, parágrafo único: A constituição de fundação para fins científicos, educacionais ou de promoção do meio ambiente está compreendida no Código Civil, art. 62, parágrafo único.

En. 9

Art. 62, parágrafo único: O art. 62, parágrafo único, deve ser interpretado de modo a excluir apenas as fundações com fins lucrativos.

En. 10

Art. 66, § 1º: Em face do princípio da especialidade, o art. 66, § 1º, deve ser interpretado em sintonia com os arts. 70 e 178 da LC 75/93.

En. 141

Art. 41: A remissão do art. 41, parágrafo único, do Código Civil às "pessoas jurídicas de direito público, a que se tenha dado estrutura de direito privado", diz respeito às fundações públicas e aos entes de fiscalização do exercício profissional.

En. 142

Art. 44: Os partidos políticos, os sindicatos e as associações religiosas possuem natureza associativa, aplicando-se-lhes o Código Civil.

En. 143

Art. 44: A liberdade de funcionamento das organizações religiosas não afasta o controle de legalidade e legitimidade constitucional de seu registro, nem a possibilidade de reexame pelo Judiciário da compatibilidade de seus atos com a lei e com seus estatutos.

En. 144

Art. 44: A relação das pessoas jurídicas de Direito Privado, constante do art. 44, incisos I a V, do Código Civil, não é exaustiva.

En. 145

Art. 47: O art. 47 não afasta a aplicação da teoria da aparência.

En. 146

Art. 50: Nas relações civis, interpretam-se restritivamente os parâmetros de desconsideração da personalidade jurídica previstos no art. 50 (desvio de finalidade social ou confusão patrimonial). (Este Enunciado não prejudica o Enunciado 7).

En. 147

Art. 66: A expressão "por mais de um Estado", contida no § 2º do art. 66, não exclui o Distrito Federal e os Territórios. A atribuição de velar pelas fundações, prevista no art. 66 e seus parágrafos, ao Ministério Público local – isto é, dos Estados, Distrito Federal e Territórios onde situadas – não exclui a necessidade de fiscalização de tais pessoas jurídicas pelo Ministério Público Federal, quando se tratar de fundações instituídas ou mantidas pela União, autarquia ou empresa pública federal, ou que destas recebam verbas, nos termos da Constituição, da LC n. 75/93 e da Lei de Improbidade.

En. 246

Fica alterado o Enunciado 90, com supressão da parte final: "nas relações jurídicas inerentes às atividades de seu peculiar interesse". Prevalece o texto: "Deve ser reconhecida personalidade jurídica ao condomínio edilício".

En. 280

Arts. 44, 57 e 60: Por força do art. 44, § 2º, consideram-se aplicáveis às sociedades reguladas pelo Livro II da Parte Especial, exceto às limitadas, os arts. 57 e 60, nos seguintes termos: a) Em havendo previsão contratual, é possível aos sócios deliberar a exclusão de sócio por justa causa, pela via extrajudicial, cabendo ao contrato disciplinar o procedimento de exclusão, assegurado o direito de defesa, por aplicação analógica do art. 1.085; b) As deliberações sociais poderão ser convocadas pela iniciativa de sócios que representem um quinto do capital social, na omissão do contrato. A mesma regra aplica-se na hipótese de criação, pelo contrato, de outros órgãos de deliberação colegiada.

En. 281

Art. 50: A aplicação da teoria da desconsideração, descrita no art. 50 do Código Civil, prescinde da demonstração de insolvência da pessoa jurídica.

En. 282

Art. 50: O encerramento irregular das atividades da pessoa jurídica, por si só, não basta para caracterizar abuso de personalidade jurídica.

En. 283

Art. 50: É cabível a desconsideração da personalidade jurídica denominada "inversa" para alcançar bens de sócio que se valeu da pessoa jurídica para ocultar ou desviar bens pessoais, com prejuízo a terceiros.

En. 284

Art. 50: As pessoas jurídicas de direito privado sem fins lucrativos ou de fins não econômicos estão abrangidas no conceito de abuso da personalidade jurídica.

En. 285

Art. 50: A teoria da desconsideração, prevista no art. 50 do Código Civil, pode ser invocada pela pessoa jurídica em seu favor.

En. 286

Art. 52: Os direitos da personalidade são direitos inerentes e essenciais à pessoa humana, decorrentes de sua dignidade, não sendo as pessoas jurídicas titulares de tais direitos.

En. 406

Art. 50: A desconsideração da personalidade jurídica alcança os grupos de sociedade quando presentes os pressupostos do art. 50 do Código Civil e houver prejuízo para os credores até o limite transferido entre as sociedades.

En. 407

Art. 61: A obrigatoriedade de destinação do patrimônio líquido remanescente da associação a instituição municipal, estadual ou federal de fins idênticos ou semelhantes, em face da omissão do estatuto, possui caráter subsidiário, devendo prevalecer a vontade dos associados, desde que seja contemplada entidade que persiga fins não econômicos.

En. 534

Art. 53: As associações podem desenvolver atividade econômica, desde que não haja finalidade lucrativa.

En. 577

Art. 55: A possibilidade de instituição de categorias de associados com vantagens especiais admite a atribuição de pesos diferenciados ao direito de voto, desde que isso não acarrete a sua supressão em relação a matérias previstas no art. 59 do Código Civil.

En. 615

Art. 53: As associações civis podem sofrer transformação, fusão, incorporação ou cisão.

En. 693

A proteção conferida pela LGPD não se estende às pessoas jurídicas, tendo em vista sua finalidade de proteger a pessoa natural.

3.15 ENUNCIADOS DAS JORNADAS DE DIREITO NOTARIAL E REGISTRAL DO CJF

En. 37

Os atos constitutivos de organizações religiosas, e suas alterações, observarão o disposto nos arts. 44 e 46 do CC/2002, sendo tais organizações livres quanto à regência de cultos e atos confessionais.

En. 38

Não cabe ao registrador, quando da qualificação dos atos constitutivos, verificar a unicidade sindical e a base territorial de entidades sindicais.

En. 39

A regra da nomeação de administrador provisório pelo juiz, nos termos do art. 49 do Código Civil, poderá ser excepcionada quando a solicitação de reativação das atividades da pessoa jurídica for feita ao Oficial de Registro Civil das Pessoas Jurídicas competente por pelo menos 1/5 (um quinto) das pessoas que a integravam ao tempo de sua paralisação.

En. 40

Em razão do princípio da continuidade registral, antes de averbar a ata de eleição/nomeação e posse da atual diretoria e órgãos deliberativos das pessoas jurídicas, é necessária a averbação das atas anteriores de eleição/nomeação e posse, bem como de qualquer alteração havida no decorrer dos respectivos mandatos.

3.16 ENUNCIADOS DAS JORNADAS DE DIREITO COMERCIAL DO CJF

3.16.1 Empresa e Estabelecimento

En. 1

Decisão judicial que considera ser o nome empresarial violador do direito de marca não implica a anulação do respectivo registro no órgão próprio nem lhe retira os efeitos, preservado o direito de o empresário alterá-lo.

En. 2

A vedação de registro de marca que reproduza ou imite elemento característico ou diferenciador de nome empresarial de terceiros, suscetível de causar confusão ou associação (art. 124, V, da Lei 9.279/1996), deve ser interpretada restritivamente e em consonância com o art. 1.166 do Código Civil.

En. 3

A Empresa Individual de Responsabilidade Limitada – EIRELI não é sociedade unipessoal, mas um novo ente, distinto da pessoa do empresário e da sociedade empresária. (Prejudicado Lei 14.382/2022).

En. 4

Uma vez subscrito e efetivamente integralizado, o capital da empresa individual de responsabilidade limitada não sofrerá nenhuma influência decorrente de ulteriores alterações no salário mínimo. (Prejudicado Lei 14.382/2022).

En. 5

Quanto às obrigações decorrentes de sua atividade, o empresário individual tipificado no art. 966 do Código Civil responderá primeiramente com os bens vinculados à exploração de sua atividade econômica, nos termos do art. 1.024 do Código Civil.

En. 6

O empresário individual regularmente inscrito é o destinatário da norma do art. 978 do Código Civil, que permite alienar ou gravar de ônus real o imóvel incorporado à empresa, desde que exista, se for o caso, prévio registro de autorização conjugal no Cartório de Imóveis, devendo tais requisitos constar do instrumento de alienação ou de instituição do ônus real, com a consequente averbação do ato à margem de sua inscrição no Registro Público de Empresas Mercantis.

En. 7
O nome de domínio integra o estabelecimento empresarial como bem incorpóreo para todos os fins de direito.

En. 8
A sub-rogação do adquirente nos contratos de exploração atinentes ao estabelecimento adquirido, desde que não possuam caráter pessoal, é a regra geral, incluindo o contrato de locação.

En. 58
O empresário individual casado é o destinatário da norma do art. 978 do CCB e não depende da outorga conjugal para alienar ou gravar de ônus real o imóvel utilizado no exercício da empresa, desde que exista prévia averbação de autorização conjugal à conferência do imóvel ao patrimônio empresarial no cartório de registro de imóveis, com a consequente averbação do ato à margem de sua inscrição no registro público de empresas mercantis.

En. 59
A mera instalação de um novo estabelecimento, em lugar antes ocupado por outro, ainda que no mesmo ramo de atividade, não implica responsabilidade por sucessão prevista no art. 1.146 do CCB.

En. 60
Os acordos e negócios de abstenção de uso de marcas entre sociedades empresárias não são oponíveis em face do Instituto Nacional de Propriedade Industrial – INPI, sem prejuízo de os litigantes obterem tutela jurisdicional de abstenção entre eles na Justiça Estadual.

En. 61
Em atenção ao princípio do tratamento favorecido à microempresa e à empresa de pequeno porte, é possível a representação de empresário individual, sociedade empresária ou EIRELI, quando enquadrados nos respectivos regimes tributários, por meio de preposto, perante os juizados especiais cíveis, bastando a comprovação atualizada do seu enquadramento.

En. 62
O produtor rural, nas condições mencionadas do art. 971 do CCB, pode constituir EIRELI. (Prejudicado Lei 14.382/2022).

En. 91
A desconsideração da personalidade jurídica de sociedades integrantes de mesmo grupo societário (de fato ou de direito) exige a comprovação dos requisitos do art.

50 do Código Civil por meio do incidente de desconsideração da personalidade jurídica ou na forma do art. 134, § 2º, do Código de Processo Civil.

En. 92
A Empresa Individual de Responsabilidade Limitada (EIRELI) poderá ser constituída por pessoa natural ou por pessoa jurídica, nacional ou estrangeira, sendo que a limitação para figurar em uma única EIRELI é apenas para pessoa natural. (Prejudicado Lei 14.382/2022).

En. 93
O cônjuge ou companheiro de titular de EIRELI é legitimado para ajuizar ação de apuração de haveres, para fins de partilha de bens, na forma do art. 600, parágrafo único, do Código de Processo Civil. (Prejudicado Lei 14.382/2022).

En. 94
A vedação da sociedade entre cônjuges contida no art. 977 do Código Civil não se aplica às sociedades anônimas, em comandita por ações e cooperativa.

En. 95
Os perfis em redes sociais, quando explorados com finalidade empresarial, podem se caracterizar como elemento imaterial do estabelecimento empresarial.

3.16.2 Direito Societário

En. 9
Quando aplicado às relações jurídicas empresariais, o art. 50 do Código Civil não pode ser interpretado analogamente ao art. 28, § 5º, do CDC ou ao art. 2º, § 2º, da CLT.

En. 10
Nas sociedades simples, os sócios podem limitar suas responsabilidades entre si, à proporção da participação no capital social, ressalvadas as disposições específicas.

En. 11
A regra do art. 1.015, parágrafo único, do Código Civil deve ser aplicada à luz da teoria da aparência e do primado da boa-fé objetiva, de modo a prestigiar a segurança do tráfego negocial. As sociedades se obrigam perante terceiros de boa-fé.

En. 12
A regra contida no art. 1.055, § 1º, do Código Civil deve ser aplicada na hipótese de inexatidão da avaliação de bens conferidos ao capital social; a responsabilidade nela prevista não afasta a desconsideração da personalidade jurídica quando presentes seus requisitos legais.

En. 13
A decisão que decretar a dissolução parcial da sociedade deverá indicar a data de desligamento do sócio e o critério de apuração de haveres.

En. 14

É vedado aos administradores de sociedades anônimas votarem para aprovação/rejeição de suas próprias contas, mesmo que o façam por interposta pessoa.

En. 15

O vocábulo "transação", mencionado no art. 183, § 1º, d, da Lei das S.A., deve ser lido como sinônimo de "negócio jurídico", e não no sentido técnico que é definido pelo Capítulo XIX do Título VI do Livro I da Parte Especial do Código Civil brasileiro.

En. 16

O adquirente de cotas ou ações adere ao contrato social ou estatuto no que se refere à cláusula compromissória (cláusula de arbitragem) nele existente; assim, estará vinculado à previsão da opção da jurisdição arbitral, independentemente de assinatura e/ou manifestação específica a esse respeito.

En. 17

Na sociedade limitada com dois sócios, o sócio titular de mais da metade do capital social pode excluir extrajudicialmente o sócio minoritário desde que atendidas as exigências materiais e procedimentais previstas no art. 1.085, *caput* e parágrafo único, do CC.

En. 18

O capital social da sociedade limitada poderá ser integralizado, no todo ou em parte, com quotas ou ações de outra sociedade, cabendo aos sócios a escolha do critério de avaliação das respectivas participações societárias, diante da responsabilidade solidária pela exata estimação dos bens conferidos ao capital social, nos termos do art. 1.055, § 1º, do Código Civil.

En. 19

Não se aplica o Código de Defesa do Consumidor às relações entre sócios/acionistas ou entre eles e a sociedade.

En. 63

O nu-proprietário de quotas ou ações gravadas com usufruto, quando não regulado no respectivo ato institutivo, pode exercer o direito de fiscalização da sociedade. Referência legislativa: Código Civil, artigos 1.020 e 1.021 e Lei 6.404/76, art. 40.

En. 64

Criado o conselho de administração na sociedade limitada, não regida supletivamente pela Lei de Sociedade por Ações (art. 1.053, parágrafo único, do Código Civil) e, caso não haja regramento específico sobre o órgão no contrato, serão aplicadas, por analogia, as normas da sociedade anônima.

En. 65

O mandatário do sócio residente ou domiciliado no exterior (art. 119 da Lei 6.404/1976) não é responsável pelas obrigações de seu mandante.

En. 66

A limitação de distribuição de dividendos periódicos de que trata o art. 204, § 1º da Lei das Sociedades por Ações refere-se ao lucro distribuível, reconhecido em balanço intermediário levantado conforme o Estatuto Social, e não à antecipação do pagamento de dividendos por conta do lucro cuja existência é provável, nos termos da legislação tributária.

En. 85

A obrigação de voto em bloco, prevista em Acordo de Acionistas, não pode ser invocada, por seus signatários ou por membros do Conselho de Administração, com o propósito de eximi-los da obrigação de votar em consonância com a Lei e com os interesses da Companhia.

En. 86

O desacerto do mérito da decisão negocial não é, por si só, causa de responsabilidade civil do administrador, a qual pressupõe o descumprimento de dever legal ou estatutário.

En. 87

O cargo de liquidante pode ser ocupado tanto por pessoa natural, quanto por pessoa jurídica, sendo obrigatória, neste último caso, a indicação do nome do profissional responsável pela condução dos trabalhos, que deverá atender aos requisitos e impedimentos previstos em lei, e sobre o qual recairão os deveres e as responsabilidades legais.

En. 88

A ação de responsabilidade contra controlador (LSA, art. 117) ou sociedade controladora (LSA, art. 246) não pressupõe a prévia deliberação assemblear.

3.16.3   Obrigações empresariais, contratos e títulos de crédito

En. 20

Não se aplica o Código de Defesa do Consumidor aos contratos celebrados entre empresários em que um dos contratantes tenha por objetivo suprir-se de insumos para sua atividade de produção, comércio ou prestação de serviços.

En. 21

Nos contratos empresariais, o dirigismo contratual deve ser mitigado, tendo em vista a simetria natural das relações interempresariais.

En. 22

Não se presume solidariedade passiva (art. 265 do Código Civil) pelo simples fato de duas ou mais pessoas jurídicas integrarem o mesmo grupo econômico.

En. 23

Em contratos empresariais, é lícito às partes contratantes estabelecer parâmetros objetivos para a interpretação dos requisitos de revisão e/ou resolução do pacto contratual.

En. 24

Os contratos empresariais coligados, concretamente formados por unidade de interesses econômicos, permitem a arguição da exceção de contrato não cumprido, salvo quando a obrigação inadimplida for de escassa importância.

En. 25

A revisão do contrato por onerosidade excessiva fundada no Código Civil deve levar em conta a natureza do objeto do contrato. Nas relações empresariais, deve-se presumir a sofisticação dos contratantes e observar a alocação de riscos por eles acordada.

En. 26

O contrato empresarial cumpre sua função social quando não acarreta prejuízo a direitos ou interesses, difusos ou coletivos, de titularidade de sujeitos não participantes da relação negocial.

En. 27

Não se presume violação à boa-fé objetiva se o empresário, durante as negociações do contrato empresarial, preservar segredo de empresa ou administrar a prestação de informações reservadas, confidenciais ou estratégicas, com o objetivo de não colocar em risco a competitividade de sua atividade.

En. 28

Em razão do profissionalismo com que os empresários devem exercer sua atividade, os contratos empresariais não podem ser anulados pelo vício da lesão fundada na inexperiência.

En. 29

Aplicam-se aos negócios jurídicos entre empresários a função social do contrato e a boa-fé objetiva (arts. 421 e 422 do Código Civil), em conformidade com as especificidades dos contratos empresariais.

En. 30

Nos contratos de shopping center, a cláusula de fiscalização das contas do lojista é justificada desde que as medidas fiscalizatórias não causem embaraços à atividade do lojista.

En. 31

O contrato de distribuição previsto no art. 710 do Código Civil é uma modalidade de agência em que o agente atua como mediador ou mandatário do proponente e faz jus à remuneração devida por este, correspondente aos negócios concluídos em sua zona. No contrato de distribuição autêntico, o distribuidor comercializa diretamente o produto recebido do fabricante ou fornecedor, e seu lucro resulta das vendas que faz por sua conta e risco.

En. 32

Nos contratos de prestação de serviços nos quais as partes contratantes são empresários e a função econômica do contrato está relacionada com a exploração de atividade empresarial, as partes podem pactuar prazo superior a quatro anos, dadas as especificidades da natureza do serviço a ser prestado, sem constituir violação do disposto no art. 598 do Código Civil.

En. 33

Nos contratos de prestação de serviços nos quais as partes contratantes são empresários e a função econômica do contrato está relacionada com a exploração de atividade empresarial, é lícito às partes contratantes pactuarem, para a hipótese de denúncia imotivada do contrato, multas superiores àquelas previstas no art. 603 do Código Civil.

En. 34

Com exceção da garantia contida no artigo 618 do Código Civil, os demais artigos referentes, em especial, ao contrato de empreitada (arts. 610 a 626) aplicar-se-ão somente de forma subsidiária às condições contratuais acordadas pelas partes de contratos complexos de engenharia e construção, tais como EPC, EPC-M e Aliança.

En. 35

Não haverá revisão ou resolução dos contratos de derivativos por imprevisibilidade e onerosidade excessiva (arts. 317 e 478 a 480 do Código Civil).

En. 36

O pagamento da comissão, no contrato de corretagem celebrado entre empresários, pode ser condicionado à celebração do negócio previsto no contrato ou à mediação útil ao cliente, conforme os entendimentos prévios entre as partes. Na ausência de ajuste ou previsão contratual, o cabimento da comissão deve ser analisado no caso concreto, à luz da boa-fé objetiva e da vedação ao enriquecimento sem causa, sendo devida se o negócio não vier a se concretizar por fato atribuível exclusivamente a uma das partes.

En. 37

Aos contratos de transporte aéreo internacional celebrados por empresários aplicam-se as disposições da Convenção de Montreal e a regra da indenização tarifada nela prevista (art. 22 do Decreto 5.910/2006).

En. 38

É devida devolução simples, e não em dobro, do valor residual garantido (VRG) em caso de reintegração de posse do bem objeto de arrendamento mercantil celebrado entre empresários.

En. 39

Não se aplica a vedação do art. 897, parágrafo único, do Código Civil, aos títulos de crédito regulados por lei especial, nos termos do seu art. 903, sendo, portanto, admitido o aval parcial nos títulos de crédito regulados em lei especial.

En. 40

O prazo prescricional de 6 (seis) meses para o exercício da pretensão à execução do cheque pelo respectivo portador é contado do encerramento do prazo de apresentação, tenha ou não sido apresentado ao sacado dentro do referido prazo. No caso de cheque pós-datado apresentado antes da data de emissão ao sacado ou da data pactuada com o emitente, o termo inicial é contado da data da primeira apresentação.

En. 41

A cédula de crédito bancário é título de crédito dotado de força executiva, mesmo quando representativa de dívida oriunda de contrato de abertura de crédito bancário em conta-corrente, não sendo a ela aplicável a orientação da Súmula 233 do STJ.

En. 67

Na locação *built to suit*, é válida a estipulação contratual que estabeleça cláusula penal compensatória equivalente à totalidade dos alugueres a vencer, sem prejuízo da aplicação do art. 416, parágrafo único, do Código Civil.

En. 68

No contrato de comissão com cláusula *del credere*, responderá solidariamente com o terceiro contratante o comissário que tiver cedido seus direitos ao comitente, nos termos da parte final do art. 694 do Código Civil.

En. 69

Prescrita a pretensão do credor à execução de título de crédito, o endossante e o avalista, do obrigado principal ou de coobrigado, não respondem pelo pagamento da obrigação, salvo em caso de locupletamento indevido.

En. 70

O prazo estabelecido no art. 21, § 1º, da Lei 9.492/97, para o protesto por falta de aceite é aplicável apenas na falta de disposição diversa contida em lei especial referente a determinado título de crédito (por exemplo, duplicatas). Aplica-se, portanto, a disposição contida no art. 44, 2ª alínea, da Lei Uniforme de Genebra, ao protesto por falta de aceite de letra de câmbio.

En. 71

A prescrição trienal da pretensão à execução, em face do emitente e seu avalista, de nota promissória à vista não apresentada a pagamento no prazo legal ou fixado no título, conta-se a partir do término do referido prazo.

En. 82

A indenização devida ao Representante, prevista no art. 27, alínea j, da Lei 4.886/1965, deve ser apurada com base nas comissões recebidas durante todo o período em que exerceu a representação, afastando-se os efeitos de eventual pagamento a menor, decorrente de prática ilegal ou irregular da Representada reconhecida por decisão judicial ou arbitral transitada em julgado.

En. 83

O complexo edilício constituído por unidades condominiais comerciais autônomas, sem exploração econômica coordenada de forma unitária, ainda que chamado "shopping do tipo vendido", não caracteriza contrato de shopping center.

En. 84

O seguro contra risco de morte ou perda de integridade física de pessoas que vise garantir o direito patrimonial de terceiro ou que tenha finalidade indenizatória submete-se às regras do seguro de dano, mas o valor remanescente, quando houver, será destinado ao segurado, ao beneficiário indicado ou aos sucessores.

3.16.4 Crise da empresa: falência e recuperação

En. 42

O prazo de suspensão previsto no art. 6º, § 4º, da Lei 11.101/2005 pode excepcionalmente ser prorrogado, se o retardamento do feito não puder ser imputado ao devedor.

En. 43

A suspensão das ações e execuções previstas no art. 6º da Lei 11.101/2005 não se estende aos coobrigados do devedor.

En. 44

A homologação de plano de recuperação judicial aprovado pelos credores está sujeita ao controle judicial de legalidade.

En. 45

O magistrado pode desconsiderar o voto de credores ou a manifestação de vontade do devedor, em razão de abuso de direito.

En. 46

Não compete ao juiz deixar de conceder a recuperação judicial ou de homologar a extrajudicial com fundamento na análise econômico-financeira do plano de recuperação aprovado pelos credores.

En. 47

Nas alienações realizadas nos termos do art. 60 da Lei 11.101/2005, não há sucessão do adquirente nas dívidas do devedor, inclusive nas de natureza tributária, trabalhista e decorrentes de acidentes de trabalho.

En. 48

A apuração da responsabilidade pessoal dos sócios, controladores e administradores feita independentemente da realização do ativo e da prova da sua insuficiência para cobrir o passivo, prevista no art. 82 da Lei 11.101/2005, não se refere aos casos de desconsideração da personalidade jurídica.

En. 49

Os deveres impostos pela Lei 11.101/2005 ao falido, sociedade limitada, recaem apenas sobre os administradores, não sendo cabível nenhuma restrição à pessoa dos sócios não administradores.

En. 50

A extensão dos efeitos da quebra a outras pessoas jurídicas e físicas confere legitimidade à massa falida para figurar nos polos ativo e passivo das ações nas quais figurem aqueles atingidos pela falência.

En. 51

O saldo do crédito não coberto pelo valor do bem e/ou da garantia dos contratos previstos no § 3º do art. 49 da Lei 11.101/2005 é crédito quirografário, sujeito à recuperação judicial.

En. 52

A decisão que defere o processamento da recuperação judicial desafia agravo de instrumento.

En. 53

A assembleia geral de credores para deliberar sobre o plano de recuperação judicial é una, podendo ser realizada em uma ou mais sessões, das quais participarão ou serão considerados presentes apenas os credores que firmaram a lista de presença encerrada na sessão em que instalada a assembleia geral.

En. 54

O deferimento do processamento da recuperação judicial não enseja o cancelamento da negativação do nome do devedor nos órgãos de proteção ao crédito e nos tabelionatos de protestos.

En. 55

O parcelamento do crédito tributário na recuperação judicial é um direito do contribuinte, e não uma faculdade da Fazenda Pública, e, enquanto não for editada lei específica, não é cabível a aplicação do disposto no art. 57 da Lei 11.101/2005 e no art. 191-A do CTN.

En. 56

A Fazenda Pública não possui legitimidade ou interesse de agir para requerer a falência do devedor empresário.

En. 57

O plano de recuperação judicial deve prever tratamento igualitário para os membros da mesma classe de credores que possuam interesses homogêneos, sejam estes delineados em função da natureza do crédito, da importância do crédito ou de outro critério de similitude justificado pelo proponente do plano e homologado pelo magistrado.

En. 72

A legitimidade do Ministério Público para propor e conduzir a ação de responsabilidade de que trata o art. 46 da Lei 6.024/1974 não cessa com a decretação da falência da instituição submetida a regime especial, porquanto o art. 47 da mencionada lei foi revogado tacitamente pelo art. 7°, II, da Lei 9.447/1997.

En. 73

Para que seja preservada a eficácia do disposto na parte final do § 2° do artigo 6° da Lei 11.101/05, é necessário que, no juízo do trabalho, o crédito trabalhista para fins de habilitação seja calculado até a data do pedido da recuperação judicial ou da decretação da falência, para não se ferir a *par condicio creditorum* e observarem-se os arts. 49, "caput", e 124 da Lei 11.101/2005.

En. 74

Embora a execução fiscal não se suspenda em virtude do deferimento do processamento da recuperação judicial, os atos que importem em constrição do patrimônio do devedor devem ser analisados pelo Juízo recuperacional, a fim de garantir o princípio da preservação da empresa.

En. 75

Havendo convenção de arbitragem, caso uma das partes tenha a falência decretada: (i) eventual procedimento arbitral já em curso não se suspende e novo procedimento arbitral pode ser iniciado, aplicando-se, em ambos os casos, a regra do art. 6°, § 1°, da Lei 11.101/2005; e (ii) o administrador judicial não pode recusar a eficácia da cláusula compromissória, dada a autonomia desta em relação ao contrato.

En. 76

Nos casos de emissão de títulos de dívida pela companhia recuperanda, na qual exista agente fiduciário ou figura similar representando uma coletividade de credores, caberá ao agente fiduciário o exercício do voto em assembleia geral de credores, nos termos e mediante as autorizações previstas no documento de emissão, ressalvada a faculdade de qualquer investidor final pleitear ao juízo da recuperação o desmembramento do direito de voz e voto em assembleia para exercê-los individualmente, unicamente mediante autorização judicial.

En. 77

As alterações do plano de recuperação judicial devem ser submetidas à assembleia geral de credores, e a aprovação obedecerá ao quórum previsto no art. 45 da Lei 11.101/05, tendo caráter vinculante a todos os credores submetidos à recuperação judicial, observada a ressalva do art. 50, § 1°, da Lei 11.101/05, ainda que propostas as alterações após dois anos da concessão da recuperação judicial e desde que ainda não encerrada por sentença.

En. 78

O pedido de recuperação judicial deve ser instruído com a relação completa de todos os credores do devedor, sujeitos ou não à recuperação judicial, inclusive fiscais, para um completo e adequado conhecimento da situação econômico-financeira do devedor.

En. 79

O requisito do inc. III do § 1º do art. 58 da Lei 11.101 aplica-se a todas as classes nas quais o plano de recuperação judicial não obteve aprovação nos termos do art. 45 desta Lei.

En. 80

Para classificar-se credor, em pedido de habilitação, como privilegiado especial, em razão do art. 83, IV, "d" da Lei de Falências, exige-se, cumulativamente, que: (a) esteja vigente a LC 147/2014 na data em que distribuído o pedido de recuperação judicial ou decretada a falência do devedor; (b) o credor faça prova de que, no momento da distribuição do pedido de recuperação judicial ou da decretação da falência, preenchia os requisitos legais para ser reconhecido como microempreendedor individual, microempresa ou empresa de pequeno porte.

En. 81

Aplica-se à recuperação judicial, no que couber, o princípio da *par condicio creditorum*.

En. 96

A recuperação judicial do empresário rural, pessoa natural ou jurídica, sujeita todos os créditos existentes na data do pedido, inclusive os anteriores à data da inscrição no Registro Público de Empresas Mercantis.

En. 97

O produtor rural, pessoa natural ou jurídica, na ocasião do pedido de recuperação judicial, não precisa estar inscrito há mais de dois anos no Registro Público de Empresas Mercantis, bastando a demonstração de exercício de atividade rural por esse período e a comprovação da inscrição anterior ao pedido.

En. 98

A admissão pelo juízo competente do processamento da recuperação judicial em consolidação processual (litisconsórcio ativo) não acarreta automática aceitação da consolidação substancial.

En. 99

Para fins de aplicação da parte final do art. 49, § 3º, da Lei 11.101/2005, é do devedor o ônus da prova da essencialidade do bem.

En. 100

Consideram-se sujeitos à recuperação judicial, na forma do art. 49 da Lei 11.101/2005, os créditos decorrentes de fatos geradores anteriores ao pedido de recuperação judicial, independentemente da data de eventual acordo, sentença ou trânsito em julgado.

En. 101

O incidente de desconsideração da personalidade jurídica deve ser observado no processo falimentar, sem a suspensão do processo.

En. 102

A decisão que defere o processamento da recuperação judicial desafia agravo de instrumento, nos termos do art. 1.015 do CPC/2015.

En. 103

Em se tratando de processo eletrônico, os editais previstos na Lei 11.101/2005 podem ser publicados em versão resumida, somente apontando onde se encontra a relação de credores nos autos, bem como com a indicação do sítio eletrônico que contenha a íntegra do edital.

En. 104

Não haverá sucessão do adquirente de ativos em relação a penalidades pecuniárias aplicadas ao devedor com base na Lei 12.846/2013 (Lei Anticorrupção), quando a alienação ocorrer com fundamento no art. 60 da Lei 11.101/2005.

En. 105

Se apontado pelo administrador judicial, no relatório previsto no art. 22, III, e, da Lei 11.101/2005, que não foram encontrados bens suficientes sequer para cobrir os custos do processo, incluindo honorários do Administrador Judicial, o processo deve ser encerrado, salvo se credor interessado depositar judicialmente tais valores conforme art. 82 do CPC/2015, hipótese em que o crédito referente ao valor depositado será classificado como extraconcursal, nos termos do art. 84, II, da Lei 11.101/2005.

En. 106

O juízo da recuperação extrajudicial poderá determinar, no início do processo, a suspensão de ações ou execuções propostas por credores sujeitos ao plano de recuperação extrajudicial, com a finalidade de preservar a eficácia e a utilidade da decisão que vier a homologá-lo.

3.16.5 Comércio Internacional

En. 89

Para fins de interpretação do art. 3(2) da CISG (Convenção das Nações Unidas sobre Contratos de Compra e Venda Internacional de Mercadorias), promulgada pelo Decreto 8.327, a natureza de compra e venda de mercadoria é prevalente e não é descaracterizada pelo (i) caráter híbrido do bem objeto da compra e venda, como eletrodomésticos inteligentes, computadores e outros itens com funcionalidades digitais associadas, nem pela (ii) prestação de serviços acessórios de instalação, atualização ou desenvolvimento de *software* necessários para o funcionamento do bem objeto da compra e venda.

En. 90

Na interpretação da CISG (Convenção das Nações Unidas sobre Contratos de Compra e Venda Internacional de Mercadorias), promulgada pelo Decreto 8.327/2014, ou de contrato a ela submetido, deve-se atentar para a jurisprudência e doutrina internacionais sobre a CISG, tendo em vista as diretrizes fixadas no seu art. 7.

3.16.6 Propriedade Intelectual

En. 107

O fato gerador do parágrafo único do art. 40 da Lei 9.279/96 não engloba a hipótese de mora administrativa havida em concausa ou perpetrada pelo depositante do pedido de patente, desde que demonstrada conduta abusiva deste.

En. 108

Não cabe a condenação do INPI em sucumbência, nos termos do art. 85 do CPC, quando a matéria não for de seu conhecimento prévio e não houver resistência judicial posterior.

En. 109

Os pedidos de abstenção de uso e indenização, quando cumulados com ação visando anular um direito de propriedade industrial, são da competência da Justiça Federal, em face do art. 55 do CPC.

En. 110

Aplicam-se aos negócios jurídicos de propriedade intelectual o disposto sobre a função social dos contratos, probidade e boa-fé.

En. 111

Nas ações de nulidade de indeferimento de pedido de registro de marca, o titular do registro marcário apontado como anterioridade impeditiva é litisconsorte passivo necessário, à luz do que dispõe o art. 115 do CPC.

En. 112

O termo inicial do prazo de 30 dias previsto no parágrafo único do art. 162 da Lei 9.279/96 é o primeiro dia útil subsequente ao término *in albis* do prazo de 60 dias previsto no *caput* do mesmo artigo.

En. 113

Em ações que visam anular um direito de propriedade industrial, a citação do INPI para se manifestar sobre os pedidos deve ocorrer apenas após a contestação do titular do direito de propriedade industrial.

En. 114

A proteção jurídica ao conjunto-imagem de um produto ou serviço não se estende à funcionalidade técnica.

En. 115

As limitações de direitos autorais estabelecidas nos arts. 46, 47 e 48 da Lei de Direitos Autorais devem ser interpretadas extensivamente, em conformidade com os direitos fundamentais e a função social da propriedade estabelecida no art. 5º, XXIII, da CF/88.

4
DAS REGRAS REGISTRAIS APLICÁVEIS AO RCPJ

4.1 DAS REGRAS GERAIS DE ATRIBUIÇÕES, ESCRITURAÇÃO, ORDEM DE SERVIÇO, PUBLICIDADE, CONSERVAÇÃO E RESPONSABILIDADE DO OFICIAL.

O serviço de Registro Civil das Pessoas Jurídicas, são estabelecidos pela legislação civil para autenticidade, segurança e eficácia dos atos jurídicos de sua competência, ficando sujeito ao regime estabelecido no ordenamento jurídico.

Os cartórios de Registro Civil das Pessoas Jurídicas ficam a cargo dos Oficiais, titulares ou interinos, nomeados de acordo com o estabelecido na Lei de Organização Administrativa e Judiciária do Distrito Federal e dos Territórios e nas Resoluções sobre a Divisão e Organização Judiciária dos Estados, dependendo se titular (após aprovação em concurso público), ou interino, que responder, provisoriamente, por uma serventia, até a finalização do próximo concurso público.

A Lei de Registros Públicos, em seu art. 3º, ainda determina que a escrituração será feita em livros encadernados, que obedecerão aos modelos anexos a Lei, sujeitos à correição da autoridade judiciária competente, podendo ter 0,22m até 0,40m de largura e de 0,33m até 0,55m de altura, tamanhos que não correspondem ao do papel A4, utilizado por todos, cabendo ao oficial a escolha, dentro dessas dimensões, de acordo com a conveniência do serviço.

O citado artigo determina, ainda que para a facilidade do serviço podem os livros ser escriturados mecanicamente, em folhas soltas, obedecidos os modelos aprovados pela autoridade judiciária competente.

No art. 4º, da mesma lei determina que os livros de escrituração serão abertos, numerados, autenticados e encerrados pelo oficial do registro, podendo ser utilizado, para tal fim, processo mecânico de autenticação previamente aprovado pela autoridade judiciária competente.

O art. 5º da citada lei, estabelece que considerando a quantidade dos registros, o Juiz poderá autorizar a diminuição do número de páginas dos livros respectivos, até a terça parte do consignado no bojo da norma.

Findando-se um livro, determina o art. 6º, que o imediato tomará o número seguinte, acrescido à respectiva letra.

Os números de ordem dos registros não serão interrompidos no fim de cada livro, mas continuarão, indefinidamente, nos seguintes da mesma espécie, reza o art. 7º.

Porém, cumpre ressaltar, que boa parte dessa normatização, cai por terra com o advento do art. 7º-A da Lei de Registros Públicos, incluído pela Lei 14.382/2022, que não se aplicará a escrituração por meio eletrônico, considerando que a citada lei inovadora determinou que os livros passarão a ser exclusivamente eletrônicos, e com isso não terão limitação de páginas, pois serão únicos, infinitos, nem tampouco se deve seguir a necessidade de cuidado com o tamanho do papel, terminando, também, com os termos de aberturas e encerramentos, que devem ser feitos em todo os livros, bem como a necessidade de rubricar folha por folha manualmente.

No cartório de Registro Civil das Pessoas Jurídicas, o serviço começará e terminará às mesmas horas em todos os dias úteis.

Assim sendo, será nulo o registro lavrado fora das horas regulamentares ou em dias em que não houver expediente, sendo civil e criminalmente responsável o oficial que der causa à nulidade.

Todos os títulos, apresentados no horário regulamentar e que não forem registrados até a hora do encerramento do serviço, aguardarão o dia seguinte, no qual serão registrados, preferencialmente, aos apresentados nesse dia.

Os oficiais do cartório de Registro Civil das Pessoas Jurídicas, adotarão o melhor regime interno de modo a assegurar às partes a ordem de precedência na apresentação dos seus títulos, estabelecendo-se, sempre, o número de ordem geral.

Nenhuma exigência fiscal, ou dúvida, obstará a apresentação de um título e o seu lançamento do Protocolo com o respectivo número de ordem, nos casos em que dá precedência decorra prioridade de direitos para o apresentante.

Salvo as anotações e as averbações obrigatórias, os atos do registro serão praticados:

I – por ordem judicial;
II – a requerimento verbal ou escrito dos interessados;
III – a requerimento do Ministério Público, quando a lei autorizar.

Os oficiais do cartório de Registro Civil das Pessoas Jurídicas, pelos atos que praticarem em decorrência do disposto na legislação, terão direito, a título de remuneração, aos emolumentos fixados nos Regimentos de Custas do Distrito Federal, dos Estados e dos Territórios, os quais serão pagos pelo interessado que os requerer.

O valor correspondente às custas de certidões, buscas, averbações, registros de qualquer natureza, emolumentos e despesas legais constará, obrigatoriamente, do próprio documento, independentemente da expedição do recibo, quando solicitado.

Quando o interessado no registro for o oficial encarregado de fazê-lo ou algum parente seu, em grau que determine impedimento, o ato incumbe ao substituto legal do oficial.

Os oficiais e prepostos dos cartórios de Registro Civil das Pessoas Jurídicas são obrigados a:

a) lavrar certidão do que lhes for requerido;

b) fornecer às partes as informações solicitadas.

Qualquer pessoa pode requerer certidão do registro sem informar ao oficial ou ao funcionário o motivo ou interesse do pedido.

As certidões serão lavradas em inteiro teor, em resumo, ou em relatório, conforme quesitos, devendo ser autenticada pelo oficial ou seus substitutos legais, em via de regra, independentemente de despacho judicial, devendo mencionar o livro de registro ou o documento arquivado no cartório.

As certidões deverão ser emitidas em até 5 (cinco) dias úteis

A Lei 14.382/2022, trouxe a determinação de que as certidões extraídas dos registros públicos deverão ser fornecidas eletronicamente, com uso de tecnologia que permita a sua impressão pelo usuário e a identificação segura de sua autenticidade, conforme critérios estabelecidos pela Corregedoria Nacional de Justiça do Conselho Nacional de Justiça, dispensada a materialização das certidões pelo oficial de registro.

O objetivo de tal regra é para que o interessado possa solicitar a qualquer serventia certidões eletrônicas relativas a atos registrados em outra serventia, por meio do Sistema Eletrônico dos Registros Públicos (Serp), nos termos estabelecidos pela Corregedoria Nacional de Justiça do Conselho Nacional de Justiça.

Assim sendo os registros públicos deverão disponibilizar, por meio do Serp, a visualização eletrônica dos atos neles transcritos, praticados, registrados ou averbados, na forma e nos prazos estabelecidos pela Corregedoria Nacional de Justiça do Conselho Nacional de Justiça.

No caso de recusa ou retardamento na expedição da certidão, o interessado poderá reclamar à autoridade competente, que aplicará, se for o caso, a pena disciplinar cabível. Para a verificação do retardamento, o oficial, logo que receber alguma petição, fornecerá à parte uma nota de entrega devidamente autenticada.

Sempre que houver qualquer alteração posterior ao ato cuja certidão é pedida, deve o Oficial mencioná-la, obrigatoriamente, não obstante as especificações do pedido, sob pena de responsabilidade civil e penal. A alteração que mencionamos, deverá ser anotada na própria certidão, contendo a inscrição de que "*a presente certidão envolve elementos de averbação à margem do termo*".

Os livros de registro, bem como as fichas que os substituam, somente sairão do respectivo cartório mediante autorização judicial

Todas as diligências judiciais e extrajudiciais que exigirem a apresentação de qualquer livro, ficha substitutiva de livro ou documento, efetuar-se-ão no próprio cartório.

Os oficiais devem manter em segurança, permanentemente, os livros e documentos e respondem pela sua ordem e conservação.

Os papéis referentes ao serviço do registro serão arquivados em cartório mediante a utilização de processos racionais que facilitem as buscas, devendo, "*ad cautelam*", ser digitalizados antes do seu descarte.

Os livros e papéis pertencentes ao arquivo do cartório ali permanecerão indefinidamente.

Quando a lei criar novo cartório, e enquanto este não for instalado, os registros continuarão a ser feitos no cartório que sofreu o desmembramento, não sendo necessário repeti-los no novo ofício. O acervo do antigo cartório continuará a pertencer-lhe.

Além dos casos expressamente consignados, os oficiais são civilmente responsáveis por todos os prejuízos que, pessoalmente, ou pelos prepostos ou substitutos que indicarem, causarem, por culpa ou dolo, aos interessados no registro. A responsabilidade civil independe da criminal pelos delitos que cometerem.

4.2 DAS MODIFICAÇÕES PROMOVIDAS PELA LEI 14.382/2022 NA ESCRITURAÇÃO DO RCPJ

Com as alterações promovidas pela Lei 14.382/2022, na Lei 6.015/73, com o objetivo de modernizar os Registros Públicos, os registros que serão realizados no Registro Civil das Pessoas Jurídicas, serão escriturados, publicizados e conservados em meio eletrônico, nos termos estabelecidos pela Corregedoria Nacional de Justiça do Conselho Nacional de Justiça, em especial quanto aos:

I – padrões tecnológicos de escrituração, indexação, publicidade, segurança, redundância e conservação; e

II – prazos de implantação nos registros públicos de que trata este artigo.

A ideia agora é que os livros e a escrituração comecem a caminhar para serem realizadas eletronicamente, e a citada legislação deu o pontapé inicial nesse sentido, a ponto de vedar que as serventias dos registros públicos recusem a recepção, a conservação ou o registro de documentos em forma eletrônica produzidos nos termos estabelecidos pela Corregedoria Nacional de Justiça do Conselho Nacional de Justiça, que ganhou

Ao estudar o tema, é fácil observar uma previsão recorrente na norma, que determina, quanto aos documentos recepcionados de forma física nos balcões das serventias, sejam os mesmos digitalizados, para serem incluídos na central eletrônica, de forma a permitir o descarte do documento original, sem qualquer prejuízo aos interessados, para permitir que todo o banco de dados do cartório, seja o que nele ingressa pela central ou pelo balcão da serventia, estejam inseridos na SERP.

Especificamente quanto ao RCPJ, o Provimento CNJ nº 48, de 16 de março de 2016 é que estabelece as diretrizes gerais para o sistema de registro eletrônico, permitindo que a recepção, o registro e a conservação de documentos eletrônicos se tornassem uma realidade.

A Lei 14.382/2022 deu poderes amplos e irrestritos para a Conselho Nacional de Justiça (CNJ) normatizar, por norma administrativa, os padrões tecnológicos e os prazos para implementação dessas disposições pelas serventias extrajudiciais.

Assim sendo, foi editado o Provimento 139/2023 do CNJ, que regulamenta o Sistema Eletrônico dos Registros Públicos (Serp), o Operador Nacional do Sistema de

Registros Públicos (ONSERP), o Fundo para a Implementação e Custeio do Sistema Eletrônico de Registros Públicos (FIC-ONSERP), o Fundo para a Implementação e Custeio do Sistema Eletrônico do Registro Civil de Pessoas Naturais (FIC-RCPN) e o Fundo para a Implementação e Custeio do Sistema Eletrônico do Registro de Títulos e Documentos e Civil de Pessoas Jurídicas (FIC-RTDPJ), institui o Operador Nacional do Registro Civil de Pessoas Naturais (ON-RCPN) e o Operador Nacional do Registro de Títulos e Documentos e Civil de Pessoas Jurídicas (ON-RTDPJ), e dá outras providências

Outra alteração realizada pela Lei 14.382/2022, foi referente à metodologia da contagem dos prazos para a prática dos atos de registro, que desde 1973 são contínuos e peremptórios.

Mesmo após a entrada em vigor do atual Código de Processo Civil (Lei nº 13.105, de 16 de março de 2015, que adotou o critério único de dias úteis nas contagens dos prazos processuais fixados em dias, a situação permaneceu inalterada para os registros públicos, apesar da interessante construção doutrinária sobre a aplicação da sistemática processual ao extrajudicial.

Assim sendo, aproveitando a ideia criada pelo CPC/15, a Lei 14.382/2022 acrescentou parágrafos à redação do artigo 9º da Lei 6.015/73, para que os prazos sejam contados em dias e horas úteis, exceto nos casos previstos em lei e naqueles contados em meses ou anos, para:

- a vigência da prenotação;
- o pagamento dos emolumentos;
- a prática dos atos pelos Oficiais de Registro;
- a emissão de certidões.

A norma especificou, ainda, que devem ser tidos como dias úteis aqueles em que houver expediente, e horas úteis as que são regulamentares do expediente.

Essa alteração é importantíssima no meio eletrônico, pois as plataformas digitais, sejam as que já existem e a SERP, funcionam de forma ininterrupta, permitindo que o usuário acesse e encaminhe documentos a qualquer hora do dia, inclusive fora do horário de expediente da serventia.

O art. 9º da Lei 6.015/73, ganhou, com a Lei 14.382/2022, um § 3º, determinando que o Código de Processo Civil deve ser aplicado de forma subsidiária e complementar, na contagem dos prazos, em especial as disposições compreendidas entre os artigos 218 e 232 do CPC/15, que fazem parte do terceiro capítulo da legislação processual, que trata dos prazos.

Dentre eles, merece destaque a previsão do artigo 224, *caput* e § 1º, a saber:

> "Art. 224. Salvo disposição em contrário, os prazos serão contados excluindo o dia do começo e incluindo o dia do vencimento.
>
> §1º Os dias do começo e do vencimento do prazo serão protraídos para o primeiro dia útil seguinte, se coincidirem com dia em que o expediente forense for encerrado antes ou iniciado depois da hora normal ou houver indisponibilidade da comunicação eletrônica. [...]."

Dessa forma exemplificando uma hipótese hipotética, se um título for encaminhado eletronicamente pelo usuário à Central em uma segunda-feira, às 23 h, e prenotado no dia seguinte (terça-feira), a contagem do prazo de vigência da prenotação não se iniciará no mesmo dia (terça-feira), mas sim no dia seguinte (quarta-feira), desde que seja dia útil, pois deve-se excluir o dia do começo e incluir o dia do vencimento na contagem do prazo.

Outra inovação trazida pela Lei 14.382/2022, foi a possibilidade da utilização das assinaturas eletrônicas avançadas para qualquer fim, no âmbito do RCPJ. Trata-se de um marco importante na modernização e no avanço tecnológico dos registros públicos, inserida na nova redação do artigo 17 da Lei de Registros Públicos, que possui a seguinte redação:

> "Art. 17 ...
> § 1º O acesso ou o envio de informações aos registos públicos, quando realizados por meio da internet, deverão ser assinados com o uso de assinatura avançada ou qualificada de que trata o art. 4º da Lei nº 14.063, de 23 de setembro de 2020, nos termos estabelecidos pela Corregedoria Nacional de Justiça do Conselho Nacional de Justiça.
> § 2º Ato da Corregedoria Nacional de Justiça do Conselho Nacional de Justiça poderá estabelecer hipóteses de uso de assinatura avançada em atos que envolvam imóveis."

A assinatura avançada é um tipo de assinatura eletrônica que exige a comprovação inequívoca da identidade do signatário do documento. Acreditamos que, para democratizar o acesso a todas as pessoas, bem como manter a segurança jurídica dos atos, as regulamentações normativas sobre a matéria que virão, certamente, exigirá, num futuro próximo, a utilização de algum elemento biométrico para emissão de um certificado que não seja ICP-Brasil, para finalidade específica do signatário comprovar, de forma unívoca, a autoria do documento.

Com base no conceito acima verifica-se que não são consideradas assinaturas avançadas aquelas feitas apenas com base em e-mail, geolocalização, IP do computador ou SMS.

Caberá à Corregedoria Nacional de Justiça, definir o portal de entrada dessas assinaturas e os atributos de validação que serão aceitos.

Porém, cumpre destacar, que a assinatura avançada não é uma novidade para os registros públicos, pois a Medida Provisória nº 2.200-2, de 24 de agosto de 2001, que instituiu a Infraestrutura de Chaves Públicas Brasileira (ICP-Brasil) já possibilitava a assinatura eletrônica de documentos por meio de certificados eletrônicos, inclusive aqueles não emitidos de acordo com os padrões ICP-Brasil, desde que admitido pelas partes como válido ou aceito pela pessoa a quem for oposto o documento.

A Lei nº 14.382/2022, preocupou-se, também, em modernizar o artigo 19 da Lei de Registros Públicos ao excluir do § 1º o termo "datilográfico" e inserir o termo "eletrônico", podendo, assim, as certidões de inteiro teor serem fornecidas tanto por meio eletrônico como por meio reprográfico.

O dispositivo também passa a prever que as certidões (nesse caso tanto as em resumo e em relatório), devam ser fornecidas eletronicamente por meio do Serp, para que uma vez impressas pelo usuário, possam permitir a identificação segura de sua autenticidade, já que ambas possuem fé pública e validade, vejamos:

> "Art. 19...
>
> § 1º A certidão de inteiro teor será extraída por meio reprográfico ou eletrônico.
>
> [...]
>
> § 5º As certidões extraídas dos registros públicos deverão, observado o disposto no §1º deste artigo, ser fornecidas eletronicamente, com uso de tecnologia que permita a sua impressão pelo usuário e a identificação segura de sua autenticidade, conforme critérios estabelecidos pela Corregedoria Nacional de Justiça do Conselho Nacional de Justiça, dispensada a materialização das certidões pelo oficial de registro.
>
> [...]
>
> § 7º A certidão impressa nos termos do § 5º e a certidão eletrônica lavrada nos termos do § 6º deste artigo terão validade e fé pública."

Apesar do texto legal ter estabelecido um prazo para emissão dessas certidões, ele menciona, única e exclusivamente, apenas o Registro de Imóveis (RI), motivo pelo qual tais prazos não têm aplicabilidade ao RCPJ, que deverá continuar obedecendo eventuais prazos fixados pelas Corregedorias locais.

4.3 DAS REGRAS DE ESCRITURAÇÃO DOS ATOS PRATICADOS PELO RCPJ

De acordo com o art. 114 da Lei 6.015/73, no Registro Civil de Pessoas Jurídicas serão inscritos:

> I – os contratos, os atos constitutivos, o estatuto ou compromissos das sociedades civis, religiosas, pias, morais, científicas ou literárias, bem como o das fundações e das associações de utilidade pública;
>
> II – as sociedades civis que revestirem as formas estabelecidas nas leis comerciais, salvo as anônimas;
>
> III – os atos constitutivos e os estatutos dos partidos políticos;
>
> IV – os registros dos jornais, periódicos, oficinas impressoras, empresas de radiodifusão e agências de notícias a que se refere o art. 8º da Lei 5.250, de 09.02.1967.

Não poderão ser registrados os atos constitutivos de pessoas jurídicas, quando o seu objeto ou circunstâncias relevantes indiquem destino ou atividades ilícitas ou contrárias, nocivas ou perigosas ao bem público, à segurança do Estado e da coletividade, à ordem pública ou social, à moral e aos bons costumes.

Ocorrendo qualquer uma dessas hipóteses, o oficial do registro, de ofício ou por provocação de qualquer autoridade, sobrestará no processo de registro e suscitará dúvida para o Juiz, que a decidirá.

4.4 DOS LIVROS

O art. 116 da Lei 6.015/73 é quem estabelece quais são os livros que existirão nos Cartórios de RCPJ, para a realização da escrituração comentada anteriormente. São eles:

LIVRO	FINALIDADE
Protocolo	Protocolar os títulos que são apresentados a registro e averbação, com objetivo de se dar prioridade pela ordem de chegada. Cada título será prenotado e ganhará um número sequencial.
Livro A	I – os contratos, os atos constitutivos, o estatuto ou compromissos das sociedades civis, religiosas, pias, morais, científicas ou literárias, bem como o das fundações e das associações de utilidade pública;
	II – as sociedades civis que revestirem as formas estabelecidas nas leis comerciais, salvo as anônimas;
Livro B	para matrícula das oficinas impressoras, jornais, periódicos, empresas de radiodifusão e agências de notícias;

Com a redação dada pela Lei 14.382/2022, o registro da pessoa jurídica será feito com a entrega no cartório de uma única via dos atos constitutivos e demais documentos pertinentes.

Além de simplificar o registro, essa regra, trazida pela Lei 14.382/2022, tem por finalidade eliminar o grave risco à segurança jurídica resultante da apresentação de mais de uma via, pois quando isso acontecia era necessário conferir todas "manualmente", para identificar se tinha o mesmo conteúdo, antes da certificação das vias pelo registrador, e é necessário reconhecer que é impossível ter segurança jurídica numa tarefa dessa magnitude.

Assim sendo, o registro e a certificação no RCPJ são feitos com a apresentação de uma única via, que deverá ser devolvida ao apresentante.

Além disso, o art. 121 da Lei 6.015/73, após a alteração da Lei 14.382/2022, dispensa a apresentação de requerimento de registro ao cartório, sempre que o representante legal da pessoa jurídica já tiver assinado o documento a ser registrado. O objetivo dessa dispensa é simplificar o procedimento registral, em favor dos usuários, sem afetar a segurança jurídica.

O citado artigo estabelece, também, prazo obrigatório para manutenção dos documentos em papel não retirados pelo usuário, que é de 180 (cento e oitenta) dias após a data da certificação do registro ou da expedição de nota devolutiva.

Porém, "ad cautelam", recomenda-se que, após o citado prazo, os documentos originais não registrados somente sejam descartados após sua digitalização.

O artigo agora tem a seguinte redação:

"Art. 121. O registro será feito com base em uma via do estatuto, compromisso ou contrato, apresentada em papel ou em meio eletrônico, a requerimento do representante legal da pessoa jurídica.

§1º É dispensado o requerimento de que trata o *caput* deste artigo caso o representante legal da pessoa jurídica tenha subscrito o estatuto, compromisso ou contrato.

§ 2º Os documentos apresentados em papel poderão ser retirados pelo apresentante nos 180 (cento e oitenta) dias após a data da certificação do registro ou da expedição de nota devolutiva.

§ 3º Decorrido o prazo de que trata o § 2º deste artigo, os documentos serão descartados."

Ao ser apresentado o título no cartório, o mesmo será apontado no livro protocolo.

Segue, abaixo, exemplo de apontamento no livro protocolo físico, lembrando que estamos caminhando para que todos os livros do RCPJ sejam eletrônicos.

Cartório de Registro Civil das Pessoas Jurídicas

da Comarca _____/_____

PROTOCOLO

LIVRO N. 06   ANO: 2023   FOLHA: 15

Número Ordem	Dia/Mês	Nome do apresentante	Natureza do Título e qualidade do lançamento	Anotações e Averbações
767	28/03	João da Silva	Registro Fundação	R-646, LV B-06
768	28/03	Maria Souza	Registro Associação	R-647, LV B-06
769	28/03	José Santos	Registro Jornal	R-648, LV B-06
770	28/03	Associação Primavera	Alteração Estatutária	AV-2/566 LV B-05

Certifico e dou fé, que encerrei o serviço de hoje quando do término do expediente, tendo sido apontado 04 (quatro) títulos. Cidade/UF 28/03/2023.
O Registrador/Substituto (nome e assinatura)

Número Ordem	Dia/Mês	Nome do apresentante	Natureza do Título e qualidade do lançamento	Anotações e Averbações
771	29/03	Pedro Nozes	Registro Partido	R-649, LV B-06
772	29/03	Marta Mesa	Registro Oficina	R-650, LV B-06
773	29/03		Registro Radiodifusão	R-651, LV B-06

Certifico e dou fé, que encerrei o serviço de hoje quando do término do expediente, tendo sido apontado 03 (três) títulos. Cidade/UF 29/03/2023.
O Registrador/Substituto (nome e assinatura)

A recepção de um título para protocolo, depende da juntada dos documentos pertinentes, que variam de caso a caso, com o requerimento da parte, para atender ao princípio da instância.

Segue, abaixo, modelo de requerimento, que atende todos os casos do RCPJ:

AO OFICIAL DO CARTÓRIO DE REGISTRO CIVIL DE PESSOA JURÍDICA DA COMARCA DE CIDADE/UF	
Nome da PJ:	
CEP:	
Logradouro:	
Número: _____ Complemento: _____	
Bairro:	
UF: _____ Cidade: _____	
Nome do Representante Legal:	
E-mail:	
Telefone: _____ Nacionalidade: _____	
Estado Civil: _____ Profissão: _____	
RG: _____ CPF _____	

REQUER a efetivação do ato abaixo indicado, apresentando os dados essenciais à identificação das partes, bem como requer a dispensa da indicação de outros dados não essenciais, nos termos do art. 4º, § 1º, do Provimento CNJ 61/2017:

○ REGISTRO de seu ato constitutivo para início da sua existência jurídica.

○ AVERBAÇÃO dos documentos apresentados junto ao registro primitivo da pessoa jurídica.

DECLARA, ainda, que:

☐ A requerente se enquadra como ME – microempresa.

☐ A requerente se enquadra como EPP – empresa de pequeno porte.

☐ A requerente não se enquadra nem como ME – microempresa nem como EPP – empresa de pequeno porte.

Cidade/UF, dia, mês e ano.

ASSINATURA E NOME DO REQUERENTE

Todos os exemplares de contratos, de atos, de estatuto e de publicações, registrados e arquivados serão encadernados por periódicos certos, acompanhados de índice que facilite a busca e o exame.

Os oficiais farão índices, pela ordem cronológica e alfabética, de todos os registros e arquivamentos, podendo adotar o sistema de fichas, mas ficando sempre responsáveis por qualquer erro ou omissão.

Corroborando o que já determina o art. 45 do Código Civil, o art. 119 da Lei 6.015/73 estabelece que a existência legal das pessoas jurídicas só começa com o registro de seus atos constitutivos.

Vale ressaltar, porém, que quando o funcionamento da sociedade depender de aprovação da autoridade, sem esta não poderá ser feito o registro.

4.5 DO PROCEDIMENTO REGISTRAL DAS SOCIEDADES, ASSOCIAÇÕES, FUNDAÇÕES E PARTIDOS POLÍTICOS

O registro das sociedades, fundações e partidos políticos consistirá na declaração, feita em livro, pelo oficial, do número de ordem, da data da apresentação e da espécie do ato constitutivo, com as seguintes indicações:

a) a denominação, o fundo social, quando houver, os fins e a sede da associação ou fundação, bem como o tempo de sua duração;

b) o modo porque se administra e representa a sociedade, ativa e passivamente, judicial e extrajudicialmente;

c) se o estatuto, o contrato ou o compromisso é reformável, no tocante à administração, e de que modo;

d) se os membros respondem ou não, subsidiariamente, pelas obrigações sociais;

e) as condições de extinção da pessoa jurídica e nesse caso o destino do seu patrimônio;

f) os nomes dos fundadores ou instituidores e dos membros da diretoria, provisória ou definitiva, com indicação da nacionalidade, estado civil e profissão de cada um, bem como o nome e residência do apresentante dos exemplares.

Para o registro dos partidos políticos, serão obedecidos, além dos requisitos deste artigo, os estabelecidos em lei específica, que, atualmente, é a Lei 9.096/1995.

Para se proceder o registro, deve ser encaminhado ao cartório:

a) uma via do estatuto, compromisso ou contrato, apresentada em papel ou em meio eletrônico;

b) um requerimento assinado pelo representante legal da pessoa jurídica, que será dispensado caso o representante legal da pessoa jurídica tenha subscrito o estatuto, compromisso ou contrato.

Com a regra vista acima, com redação dada pela Lei 14.382/2022 , o registro da pessoa jurídica será feito com a entrega no cartório de uma única via dos atos constitutivos e demais documentos pertinentes.

Assim sendo, o registro e a certificação no RCPJ são feitos com a apresentação de uma única via, que deverá ser devolvida ao apresentante.

Além disso, o art. 121 da Lei 6.015/73, após a alteração da Lei 14.382/2022, dispensa a apresentação de requerimento de registro ao cartório, sempre que o representante legal da pessoa jurídica já tiver assinado o documento a ser registrado.

Segue, abaixo, *modelo de registro e de uma averbação, feitos no Livro "A" do RCPJ*, cujo padrão será seguido para os demais registros e averbações feitos no mesmo livro.

Cartório de Registro Civil das Pessoas Jurídicas

Da Comarca _____/_____

REGISTRO CIVIL DE PESSOAS JURÍDICAS

LIVRO n. A-02   **ANO: 2022**   **FOLHA: 06**

N. Ordem	Dia Mês	Registro/Inscrição	Anotações e Averbações
R-306	24/11	Registro resumido do estatuto da Associação (nome), feito a requerimento de (nome), que foi apontado no Livro Protocolo 01 desta serventia, no dia 10 de novembro de 2022, que vigora sob a denominação (nome), sediada na (endereço completo), com duração por prazo indeterminado, tendo como finalidade (descrever). Quanto aos sócios, sua admissão depende da observância das seguintes condições (descrever quais são). Já a sua exclusão ocorrerá se (indicar hipóteses), e sua demissão se dá caso aconteçam as hipóteses a seguir (descrever quais são). São direitos dos sócios: (indicar). São deveres dos sócios (indicar). A reforma integral ou parcial do estatuto dependerá da proposta feita por (explicar) a Assembleia, que deve observar o quórum mínimo de sócios para deliberação de (indicar), ser aprovada por dois terços dos presentes. A associação será representada em todos os seus atos pelo seu Presidente, eleito conforme ata lavrada na eleição, e será administrada por seus órgãos deliberativos, sendo eles (i) Assembleia Geral; (ii) Conselho Fiscal; (iii) Conselho de Administração; e a (iv) Diretoria. A Assembleia Geral poderá cassar os mandatos dos administradores pelo voto de (especificar quórum). Os associados não respondem solidariamente e nem subsidiariamente pelas obrigações assumidas pela associação. Nada mais tinha a fazer constar. Eu (nome) escrevente autorizado pelo Oficial (nome), lavrei esse termo na cidade de (Cidade/UF), no dia (data), conferi, assino e dele dou fé.	AV1/306. Procedo esta averbação, nos termos do requerimento de (nome), instruído com a Ata de Assembleia realizada em (data) que foi apontado no Livro Protocolo 02 desta serventia, no dia 10 de março de 2023, depois de ter sido registrada no RTD desta comarca, no Livro 656, para constar que foi empossada a nova diretoria para o biênio 2023-2025, com a seguinte constituição (indicar os nomes e cargos dos diretores, devendo ter, ao menos, presidente, vice-presidente, secretário, tesoureiro, conselho fiscal. Nada mais tinha a fazer constar. Eu (nome) escrevente autorizado pelo Oficial (nome), lavrei essa averbação na cidade de (Cidade/UF), no dia (data), conferi, assino e dela dou fé.

A Lei de Registros Públicos estabelece quais são os documentos que devem ser apresentados no RCPJ de forma genérica. Assim sendo, no intuito de facilitar o entendimento, passaremos, abaixo, a colocar o rol dos documentos exigidos para os procedimentos mais importantes do RCPJ, de acordo com as situações que apresentaremos, por serem elas as mais corriqueiras.

A *inscrição/registro no RCPJ da sociedade simples*, normatizada pelos arts. 997 e seguintes do CC, quando adotar a forma típica, limitada ou não (hipótese em que as regras do art. 1.052 do CC devem ser obedecidas), deve ser requerida em até 30 (trinta) dias da sua constituição (art. 998 do CC), apresentando, neste momento, os documentos abaixo mencionados.

a) Registro ou inscrição de sociedade simples, incluindo transformação de forma empresarial

Além do requerimento (princípio da instância), contendo o nome completo e endereço da sociedade, indicação da residência do requerente, solicitando o registro/inscrição de uma sociedade simples típica, limitada ou não (art. 121 da Lei 6.015/73), com firma reconhecida da assinatura (art. 1.153 do CC), que poderá ser dispensada se o sócio administrador já tiver assinado o documento que o acompanha, será entregue, também:

(i) contrato social, numa única via (Lei 14.382/2022), assinado e rubricado pelos sócios e por duas testemunhas, com firma reconhecida das assinaturas (art. 1.153 do CC), visados por um advogado (art. 1º, § 2º, da Lei 8.906/94), salvo se for ME ou EPP (art. 9º, § 2º, da Lei Complementar 123/2006), contendo os requisitos mínimos descritos nos artigos 46 e 997 do CC, bem como 120 da Lei 6.015/73;

(ii) aprovação da autoridade competente, quando seu funcionamento depender da mesma (art. 119 da Lei 6.015/73);

(iii) se a transformação for de forma societária, sendo de sociedade empresária para simples,[1] além dos documentos acima, deve ser juntado ao requerimento:

    (a) uma certidão atualizada em inteiro teor consolidada de todos os registros e averbações (incluindo a requerida), fornecida pela Junta Comercial (art. 1.113 do CC);

    (b) alteração e consolidação contratual, numa única via (Lei 14.382/2022), assinado e rubricado pelos sócios e por duas testemunhas, com firma reconhecida das assinaturas (art. 1.153 do CC), visados por um advogado (art. 1º, § 2º, da Lei 8.906/94), salvo se for ME ou EPP (art. 9º, § 2º, da Lei Complementar 123/2006), contendo os requisitos mínimos descritos nos artigos 46 e 997 do CC, bem como 120 da Lei 6.015/73;

    (c) cartão do CNPJ, expedido eletronicamente no site da Receita Federal;

---

1. Após a realização do registro da transformação em sociedade simples, os sócios devem requerer a o cancelamento da sociedade empresária na Junta Comercial, que irá baixá-la de seus arquivos.

(d) comprovação de inexistência de sociedade com denominação idêntica ou semelhante, na mesma localidade, com certidões negativas dos demais registros civis de pessoas jurídicas, caso existam, pois senão essa exigência é dispensada, em proteção da denominação da sociedade simples, consoante arts. 1.155 e 1.163 do CC.

(e) havendo redução do capital, é necessário juntar, também, a publicação no Diário Oficial e em jornal de grande circulação, as informações relativas a tais atos, conforme art. 1.152, § 1º, do CC, conforme determina o art. 1.084, § 1º, do CC.

b) Cancelamento de registro ou inscrição de sociedade simples, incluindo transformação de forma empresarial

Além do requerimento (princípio da instância), contendo o nome completo e endereço da sociedade, indicação da residência do requerente, solicitando o registro/inscrição de uma sociedade simples típica (art. 121 da Lei 6.015/73), com firma reconhecida da assinatura (art. 1.153 do CC), que poderá ser dispensada se o sócio administrador já tiver assinado o documento que o acompanha, será entregue, também:

(i) distrato social, numa única via (Lei 14.382/2022), assinado e rubricado pelos sócios e por duas testemunhas, com firma reconhecida das assinaturas (art. 1.153 do CC), visados por um advogado (art. 1º, § 2º, da Lei 8.906/94), salvo se for ME ou EPP (art. 9º, § 2º, da Lei Complementar 123/2006), contendo os requisitos mínimos descritos nos artigos 46 e 997 do CC, bem como 120 da Lei 6.015/73;

(ii) prova da publicação do distrato social no Diário Oficial e em jornal de grande circulação, se a sociedade foi constituída após 11 de janeiro de 2003 (início da vigência do atual CC), conforme arts. 1.033, 1.036, 1.038, § 2º e 1.102, todos do CC;

(iii) cartão do CNPJ, expedido eletronicamente no site da Receita Federal;

(iv) se a transformação for de forma societária, sendo de sociedade simples para empresária, além dos documentos acima, deve ser juntado ao requerimento:

    (a) prova de inscrição da sociedade empresária na Junta Comercial, com a indicação de que se trata de transformação de sociedade simples em empresária;

    (b) instrumento de alteração e consolidação do contrato social, numa única via (Lei 14.382/2022), assinado e rubricado pelos sócios e por duas testemunhas, com firma reconhecida das assinaturas (art. 1.153 do CC), visados por um advogado (art. 1º, § 2º, da Lei 8.906/94), salvo se for ME ou EPP (art. 9º, § 2º, da Lei Complementar 123/2006), contendo os requisitos mínimos descritos nos artigos 46 e 997 do CC, bem como 120 da Lei 6.015/73.

Embora não previso na Lei 6.01573, é possível, também, requerer ao RCPJ o enquadramento *da sociedade simples como empresa de pequeno porte ou como microempresa*, para ter os benefícios que concede a Lei Complementar 123/2006, que é a autorizadora desse procedimento.

Para tanto, é necessário apresentar no RCPJ onde a sociedade simples está registrada:

(i) um requerimento assinado pelo representante legal da sociedade simples, requerendo a inscrição do enquadramento;

(ii) uma declaração, assinada pelos sócios, que comprove a receita bruta anual aferida, para efeito de prova perante o Conselho Gestor do Simples Nacional (CGSN), que permita a concessão do regime simplificado de tributação, denominado "Simples Nacional" (art. 12 da Lei Complementar 123/2006);

(iii) cópia do Cartão de CNPJ da sociedade simples, emitido no site do Receita Federal do Brasil.

Para esse tipo de enquadramento, a receita bruta anual máxima deve respeitar, se (i) *microempresa*, o montante estabelecido no art. 3º, inciso I, da Lei Complementar 123/2006, e, se (ii) *empresa de pequeno porte*, o montante estabelecido no art. 3º, inciso II, da Lei Complementar 123/2006.

Segue, abaixo, um modelo da referida declaração:

**DECLARAÇÃO DE RECEITA BRUTA ANUAL
PARA ENQUADRAMENTO**

Razão Social da Sociedade Simples:_____

Endereço:_____

CNPJ:_____

Matrícula no RCPJ:_____

Administrador:_____

TORNA PÚBLICA SUA CONDIÇÃO DIANTE DA LC 123/06

☐ **MICROEMPRESA,** conforme art. 3º, I. Não possuindo nenhum impedimento previsto no art. 3º, § 4º

☐ **EMPRESA DE PEQUENO PORTE,** conforme art. 3º, II. Não possuindo nenhum impedimento previsto no art. 3º § 4º

☐ Não se encontra ao abrigo da LC 123/06 (*).

Cidade/UF, ___ de _____ de 20___.

_____
Administrador

(*) Declarar apenas no caso de desenquadramento por ter excedido o teto previsto para EPP (art. 3º II) ou por estar em alguma condição de exclusão (art. 3º, § 4º).

Já para requerer uma *averbação no RCPJ no registro de uma sociedade simples*, os documentos a serem apresentados dependerão do tipo da mesma que será apresentada no cartório. Abaixo, tentaremos trazer a indicação das mais pedidas.

a) *Alterações contratuais de sociedade simples, incluindo transformação, incorporação, fusão e cisão*

Além do requerimento (princípio da instância), contendo o nome completo e endereço da sociedade, indicação da residência do requerente, solicitando a averbação da alteração contratual (art. 121 da Lei 6.015/73), com firma reconhecida da assinatura (art. 1.153 do CC), que poderá ser dispensada se o sócio administrador já tiver assinado o documento que o acompanha, será entregue, também:

(iv) os documentos originais comprobatórios das alterações, numa única via (Lei 14.382/2022), assinados e rubricados pelos representantes legais da pessoa jurídica e por duas testemunhas, com firma reconhecida das assinaturas (art.

1.153 do CC), visados por um advogado (art. 1º, § 2º, da Lei 8.906/94), salvo se for ME ou EPP. Os arts. 1.113 a 1.122 do CC exigem a juntada de laudos, protocolos, atas e justificativas, dependendo do tipo de alteração;

(v) cartão do CNPJ, expedido eletronicamente no site da Receita Federal, pois quando do registro o mesmo não existia, já que esta é a condição para sua obtenção;

(vi) no caso de transformação, incorporação, fusão e cisão, é necessário juntar, também, a publicação no Diário Oficial e em jornal de grande circulação, as informações relativas a tais atos, conforme arts. 1.122 e 1.152, § 1º, do CC.

Vale lembrar que as modificações contratuais que versem sobre as matérias descritas no art. 997 do CC, exigem o consentimento de todos os sócios, podendo as demais serem aprovadas em assembleia por maioria absoluta, se no ato constitutivo não houve previsão em contrário que determine ser unânime, conforme art. 999 do CC.

b) Inscrição de filial ou transferência de sede

O procedimento de abertura de filial e de transferência de sede envolverão dois cartórios de RCPJ, o que a sociedade está registrada e o do lugar da filial.

Em *primeiro* lugar, deve-se fazer uma *averbação de alteração contratual* no registro da sociedade, seguindo as regras descritas no item anterior.

Na sequência, em *segundo* lugar, deve ser feita a *inscrição da filial* no cartório de RCPJ do lugar onde a mesma está situada, seguindo o procedimento abaixo.

O requerimento (princípio da instância), contendo o nome completo e endereço da sociedade, indicação da residência do requerente, solicitando a inscrição da filial (art. 121 da Lei 6.015/73), com firma reconhecida da assinatura (art. 1.153 do CC), que poderá ser dispensada se o sócio administrador já tiver assinado o documento que o acompanha, será entregue com:

(i) a certidão em inteiro teor atualizada do contrato social em vigor (art. 1.000 do CC);

(ii) a alteração contratual relativa à inscrição da filial, já averbada no RCPJ onde a sede está registrada (art. 1.000 do CC);

(iii) comprovação de inexistência de sociedade com denominação idêntica ou semelhante, na mesma localidade, com certidões negativas dos demais registros civis de pessoas jurídicas, caso existam pois senão essa exigência é dispensada, em proteção da denominação da sociedade simples, consoante arts. 1.155 e 1.163 do CC.

A transferência de sede, apesar de um caso clássico, não é regulamentada pela lei, mas pelas normas das Corregedorias locais, que precisam, sempre, ser analisadas, em qualquer caso, mas que seguirão o mesmo procedimento visto acima.

Na *inscrição/registro no RCPJ das fundações*, normatizadas pelos arts. 62 a 69 do CC, e respectivas averbações, devem ser apresentados os seguintes documentos:

a) Registro ou inscrição de fundações

Além do requerimento (princípio da instância), contendo o nome completo e endereço da fundação, indicação da residência do requerente, solicitando o registro/inscrição de uma fundação (art. 121 da Lei 6.015/73), que poderá ser dispensada se o representante legal já tiver assinado o documento que o acompanha, será entregue, também:

(i) escritura pública ou cópia do testamento com a decisão judicial de cumpra-se, transitada em julgado;

(ii) ata da primeira reunião da administração da fundação:

(iii) relação da diretoria da fundação, com a qualificação completa dos componentes, conforme art. 46, II do CC. Os membros solteiros devem declarar sua maioridade;

(iv) estatuto, numa única via (Lei 14.382/2022), assinado e rubricado pelo representante legal da fundação, aprovado pelo Ministério Público do Estado da sede da fundação (que é seu o curador), contendo todos os elementos do art. 120 da Lei 6.015/73;

(v) publicação no Diário Oficial que deu publicidade ao ato de aprovação do estatuto pelo Ministério Público.

b) Alterações estatutárias

Além do requerimento (princípio da instância), contendo o nome completo e endereço da fundação, indicação da residência do requerente, solicitando a averbação das alterações estatutárias da fundação (art. 121 da Lei 6.015/73), que poderá ser dispensada se o representante legal já tiver assinado o documento que o acompanha, será entregue, também:

(i) escritura pública que formaliza a alteração estatutária e a ata que delibera sobre essa alteração, assinada e rubricada pelo instituidor e ou representante legal, visada por um advogado (art. 1º, § 2º, da Lei 8.906/94);

(ii) cartão do CNPJ, expedido eletronicamente no site da Receita Federal, pois quando do registro o mesmo não existia, já que este é condição para sua obtenção;

(iii) estatuto social alterado e consolidado, assinado e rubricado pelo instituidor e ou representante legal, visado por um advogado (art. 1º, § 2º, da Lei 8.906/94);

c) Registro de atas das fundações

Além do requerimento (princípio da instância), contendo o nome completo e endereço da fundação, indicação da residência do requerente, solicitando o registro da ata da fundação (art. 121 da Lei 6.015/73), que poderá ser dispensada se o representante legal já tiver assinado o documento que o acompanha, será entregue, também:

(i) ata assinada pelo presidente e pelo secretário, aprovada pelo Ministério Público do Estado da sede da fundação (que é seu o curador), em conformidade com o art. 67 do CC, seguindo as regras das alterações estatuárias. As atas de eleição devem ter a qualificação completa dos eleitos, que, se solteiros, devem se declarar maior;

(ii) cartão do CNPJ, emitido no site da Receita Federal do Brasil.

d) Cancelamento de inscrição

Além do requerimento (princípio da instância), contendo o nome completo e endereço da fundação, indicação da residência do requerente, solicitando o cancelamento da inscrição da fundação (art. 121 da Lei 6.015/73), que poderá ser dispensada se o representante legal já tiver assinado o documento que o acompanha, será entregue, também:

(i) ata da assembleia que dissolveu a fundação, assinada e rubricada pelo presidente ou secretário, visada por um advogado (art. 1º, § 2º, da Lei 8.906/94);

(ii) comprovação da publicação da ata de dissolução no Diário Oficial e em jornal de grande circulação, conforme art. 51 do CC, se a fundação foi constituída depois de 11 de janeiro de 2003, data da entrada em vigor do CC;

(iii) documento com aprovação da dissolução e cancelamento da inscrição da fundação pelo Ministério Público do Estado da sede da fundação (que é seu o curador), em conformidade com o art. 67 do CC, seguindo as regras das alterações estatuárias;

(iv) comprovação da publicação da aprovação da ata de dissolução pelo Ministério Público, no Diário Oficial;

(v) cartão do CNPJ, expedido eletronicamente no site da Receita Federal, pois quando do registro o mesmo não existia, já que esta é a condição para sua obtenção;

A constituição da personalidade jurídica de um partido político se dá no RCPJ, com o registro da sua ata de fundação no cartório do lugar da sua sede, conforme a Lei 13.877, de 27.09.2019, que modificou a antiga regra do registro para tal fim, que era feito na capital do país.

Além do requerimento (princípio da instância), contendo os nomes completos e endereços dos dirigentes provisórios, bem como o nome e o endereço da sede do partido político (art. 8º da Lei 9.096, de 19.09.1995 – Lei dos Partidos Políticos), solicitando o seu registro (art. 121 da Lei 6.015/73), assinado pelos seus fundadores, que devem ser em número igual ou maior a 101 pessoas, todos eleitores com domicílio eleitoral em, no mínimo, um terço dos estados brasileiros, será entregue, também:

(i) ata de fundação, eleição da diretoria, endereço da sede e aprovação do estatuto;

(ii) publicação no Diário Oficial da União do programa e estatuto partidários;

(iii) relação dos fundadores com nome completo, naturalidade, número do título de eleitor com zona, seção, cidade e estado, profissão e endereço residencial;

(iv) estatuto rubricado em todas as folhas e assinado pelo presidente do partido, e um advogado.

O estatuto deve atender todos os requisitos do art. 46 do CC e dos arts. 1º ao 6º, 15 e 15-A da Lei 9.096 de 19 de setembro de 1995 (Lei dos Partidos Políticos).

Concluído o registro do partido político no RCPJ, haverá necessidade de registrá-lo no Tribunal Superior Eleitoral (TSE), cumprindo todas as demais exigências contidas no art. 9º da Lei 9.096, de 19.09.1995 (Lei dos Partidos Políticos), e na Resolução 23.571, de 29.05.2018, do Tribunal Superior Eleitoral (TSE).

O art. 48-A do CC, com redação dada pela Lei 14.382/2022, autoriza que as pessoas jurídicas realizem assembleias virtuais, ainda que seus atos constitutivos nada falem a respeito.

Isso se deu para resolver um problema que nasceu com a pandemia de Covid-19, que impôs distanciamento social e a impossibilidade de se ter aglomerações, como numa reunião, por exemplo.

Apesar da norma não exigir previsão no estatuto ou contrato, sugerimos que os Oficiais de Registro Civil de Pessoa Jurídica recomendem aos clientes que proponham alteração nos mesmos, para, ao menos, regulamentar a realização de assembleias por meios eletrônicos.

Isso se dá porque o edital de convocação deve ser feito com conformidade com as previsões estatutárias, além de indicar o endereço eletrônico, o dia e hora designados.

Na data escolhida, devem estar presentes número suficiente de associados, e a orientação é que todas essas situações estejam relatadas na ata.

4.6 DO PROCEDIMENTO REGISTRAL DE JORNAIS, OFICINAS IMPRESSORAS, EMPRESAS DE RADIOFUSÃO E AGÊNCIA DE NOTÍCIAS

De acordo com o art. 122 da Lei 6.015/73, no Registro Civil das Pessoas Jurídicas serão matriculados:

a) os jornais e demais publicações periódicas;

b) as oficinas impressoras de quaisquer naturezas, pertencentes a pessoas naturais ou jurídicas;

c) as empresas de radiodifusão que mantenham serviços de notícias, reportagens, comentários, debates e entrevistas;

d) as empresas que tenham por objeto o agenciamento de notícias.

O requerimento de matrícula, assinado e com firma reconhecida (art. 1.153 do CC), conterá as informações abaixo e será instruído com os documentos seguintes:

I – no caso *de jornais ou outras publicações periódicas*:

a) título do jornal ou periódico, sede da redação, administração e oficinas impressoras, esclarecendo, quanto a estas, se são próprias ou de terceiros, e indicando, neste caso, os respectivos proprietários;

b) nome, idade, residência e prova da nacionalidade do diretor ou redator-chefe;

c) nome, idade, residência e prova da nacionalidade do proprietário;

d) se propriedade de pessoa jurídica, exemplar do respectivo estatuto ou contrato social e nome, idade, residência e prova de nacionalidade dos diretores, gerentes e sócios da pessoa jurídica proprietária.

II – nos casos de *oficinas impressoras*:

a) nome, nacionalidade, idade e residência do gerente e do proprietário, se pessoa natural;

b) sede da administração, lugar, rua e número onde funcionam as oficinas e denominação destas;

c) exemplar do contrato ou estatuto social, se pertencentes a pessoa jurídica.

III – no caso de *empresas de radiodifusão*:

a) designação da emissora, sede de sua administração e local das instalações do estúdio;

b) nome, idade, residência e prova de nacionalidade do diretor ou redator-chefe responsável pelos serviços de notícias, reportagens, comentários, debates e entrevistas.

IV – no caso de *empresas noticiosas*:

a) nome, nacionalidade, idade e residência do gerente e do proprietário, se pessoa natural;

b) sede da administração;

c) exemplar do contrato ou estatuto social, se pessoa jurídica.

As alterações em qualquer dessas declarações ou documentos deverão ser averbadas na matrícula, no prazo de oito dias, devendo corresponder um requerimento a cada declaração a ser averbada.

O processo de matrícula exigirá que seja encaminhado ao cartório, além dos documentos mencionados acima, um requerimento assinado pelo representante legal da pessoa jurídica, que será dispensado caso o representante legal da pessoa jurídica tenha subscrito o estatuto, compromisso ou contrato.

Os documentos que forem apresentados a registro em papel poderão ser retirados pelo apresentante no prazo de 180 (cento e oitenta) dias, contados da data da certificação do registro ou da expedição de nota devolutiva. Decorrido esse prazo, se não forem retirados serão descartados.

Determina o art. 124 da Lei 6.015/73, que a falta de matrícula das declarações, exigidas na lei, ou da averbação da alteração, será punida com multa que terá o valor de meio a dois salários-mínimos da região. A sentença que impuser a multa fixará prazo, não inferior a vinte dias, para matrícula ou alteração das declarações, prazo esse que se não for respeitado, o Juiz poderá impor nova multa, agravando-a de 50% (cinquenta por cento) toda vez que seja ultrapassado de dez dias o prazo assinalado na sentença. A multa será aplicada pela autoridade judiciária em representação feita pelo oficial, e cobrada por processo executivo, mediante ação do órgão competente.

Considera-se clandestino o jornal, ou outra publicação periódica, não matriculado nos termos previstos na Lei de Registros Públicos ou de cuja matrícula não constem os nomes e as qualificações do diretor ou redator e do proprietário.

Segue, abaixo, modelo de registro e de uma averbação, feitos no Livro "B" do RCPJ, cujo padrão será seguido para os demais registros e averbações feitos no mesmo livro.

Cartório de Registro Civil das Pessoas Jurídicas

Da Comarca _____/_____

MATRÍCULAS DE JORNAIS, PERIÓDICOS, OFICINAS IMPRESSORAS, EMPRESAS DE RADIODIFUSÃO E AGÊNCIAS DE NOTÍCIAS

LIVRO n. B-01   ANO: 2022   FOLHA: 06

N. Ordem	Dia Mês	Registro/Inscrição	Anotações e Averbações
R-06	24/11	Matrícula do Jornal (nome), feito a requerimento de seu proprietário (nome), que foi apontado no Livro Protocolo 01 desta serventia, no dia 10 de novembro de 2022 (nome do proprietário e qualificação completa), vem à presença de V.Sa., solicitar que seja realizada a matrícula de um jornal a ser impresso no formato (indicar), que terá como título (indicar), periodicidade (indicar), sediado na (endereço completo), sendo sua redatora chefe (nome e qualificação completa, incluindo as matrículas e registros profissionais como jornalista). A oficina onde ele será impresso é (indicar). Nada mais tinha a fazer constar. Eu (nome) escrevente autorizado pelo Oficial (nome), lavrei esse termo na cidade de (Cidade/UF), no dia (data), conferi, assino e dele dou fé.	AV1/06. Procedo esta averbação, nos termos do requerimento de (nome), que foi apontado no Livro Protocolo 02 desta serventia, no dia 10 de março de 2023, para fazer constar a substituição do redator chefe, cargo que passa a ser exercido por (nome e qualificação completa, incluindo as matrículas e registros profissionais como jornalista). Nada mais tinha a fazer constar. Eu (nome) escrevente autorizado pelo Oficial (nome), lavrei essa averbação na cidade de (Cidade/UF), no dia (data), conferi, assino e dela dou fé.

5
DOS PROVIMENTOS DO CNJ E DOS ARTIGOS DO CÓDIGO NACIONAL DE NORMAS DO CNJ APLICÁVEIS AO RCPJ

Abaixo, segue uma tabela com os Provimentos do CNJ e os artigos do Código Nacional de Normas do CNJ que são aplicáveis ao RCPJ, para facilitar o estudo.

Cumpre ressaltar que muitos são aplicáveis a várias especialidades de cartórios, incluindo o RCPJ, e outros de maneira exclusiva.

	PROVIMENTOS CNJ APLICADOS AO RCPJ (lista atualizada até 21.02.2025)	
	Provimento n.º	**Assunto tratado**
1	24/2012	Dispõe sobre a alimentação dos dados no sistema "Justiça Aberta".
2	25/2012	Dispõe sobre a regulamentação do uso do Malote Digital pelas serventias extrajudiciais de notas e de registro.
3	39/2014 (Alterado pelos provimentos 142/2023 e 188/2024)	Dispõe sobre a instituição e funcionamento da Central Nacional de Indisponibilidade de Bens – CNIB, destinada a recepcionar comunicações de indisponibilidade de bens imóveis não individualizados.
4	45/2015 (Alterado pelos provimentos 76/2018 e 149/2023)	Revoga o Provimento 34 de 09/07/2013 e a Orientação 6 de 25.11.2013 e consolida as normas relativas à manutenção e escrituração dos livros Diário Auxiliar, Visitas e Correições e Controle de Depósito Prévio pelos titulares de delegações e responsáveis interinos do serviço extrajudicial de notas e registros públicos, e dá outras providências.
5	50/2015 (Alterado pelo provimento 185/2024)	Dispõe sobre a conservação de documentos nos cartórios extrajudiciais.
6	61/2017	Dispõe sobre a obrigatoriedade de informação do número do Cadastro de Pessoa Física (CPF), do Cadastro Nacional de Pessoa Jurídica (CNPJ) e dos dados necessários à completa qualificação das partes nos feitos distribuídos ao Poder Judiciário e aos serviços extrajudiciais em todo o território nacional.
7	62/2017 (Alterado pelos provimentos 119/2021 e 131/2022)	Dispõe sobre a uniformização dos procedimentos para a aposição de apostila, no âmbito do Poder Judiciário, da Convenção sobre a Eliminação da Exigência de Legalização de Documentos Públicos Estrangeiros, celebrada na Haia, em 5 de outubro de 1961 (Convenção da Apostila).
8	74/2018	Dispõe sobre padrões mínimos de tecnologia da informação para a segurança, integridade e disponibilidade de dados para a continuidade da atividade pelos serviços notariais e de registro do Brasil e dá outras providências.

PROVIMENTOS CNJ APLICADOS AO RCPJ (lista atualizada até 21.02.2025)		
	Provimento n.º	Assunto tratado
9	79/2018	Dispõe sobre a política institucional de Metas Nacionais do Serviço Extrajudicial e dá outras providências.
10	85/2019	Dispõe sobre a adoção dos Objetivos de Desenvolvimento Sustentável, da Agenda 2030, pelas Corregedorias do Poder Judiciário e pelo Serviço Extrajudicial.
11	107/2020	Dispõe sobre a proibição de cobrança de quaisquer valores dos consumidores finais dos serviços prestados pelas centrais cartorárias em todo o território nacional, e dá outras providências.
12	127/2022	Disciplina a Plataforma do Sistema Integrado de Pagamentos Eletrônicos – SIPE para os serviços notariais e de registro, e dá outras providências.
13	149/2023	Institui o Código Nacional de Normas da Corregedoria Nacional de Justiça do Conselho Nacional de Justiça – Foro Extrajudicial (CNN/CN/CNJ-Extra), que regulamenta os serviços notariais e de registro.
14	156/2023	Dispõe sobre as normas a serem observadas nas inspeções e correições de competência da Corregedoria Nacional de Justiça, nas unidades judiciais e administrativas dos tribunais e nos serviços notariais e de registro.
15	159/2023	Institui o Fundo para a Implementação e Custeio do Sistema Eletrônico dos Registros Públicos – FIC-ONSERP, o Fundo para a Implementação e Custeio do Sistema Eletrônico do Registro Civil das Pessoas Naturais – FIC-RCPN, e o Fundo para a Implementação e Custeio do Sistema Eletrônico do Registro de Títulos e Documentos e Civis das Pessoas Jurídicas – FIC-RTDPJ; dispõe sobre suas receitas; e dá outras providências.
16	162/2024	Regulamenta o art. 47-A do Regimento Interno do Conselho Nacional de Justiça (RICNJ), acerca da celebração de Termo de Ajustamento de Conduta (TAC) entre a Corregedoria Nacional de Justiça e magistrados, servidores e serventuários do Poder Judiciário ou delegatários de serventias extrajudiciais, e dá outras providências.

ARTIGOS DO PROVIMENTO 149/2023 DO CNJ (CÓDIGO NACIONAL DE NORMAS DA CORREGEDORIA NACIONAL) APLICÁVEIS AO RCPJ (lista atualizada até 21.02.2025)		
	Artigos do Provimento 149/2023	Assunto tratado
1	Arts. 197 a 205 (Revogou o Provimento 23/2012)	Dispõe sobre o extravio, ou danificação que impeça a leitura e o uso, no todo ou em parte, de qualquer livro do serviço extrajudicial de notas e de registro e dá outras providências.
2	Arts. 246 a 256 (Revogou o Provimento 48/2016)	Estabelece diretrizes gerais para o sistema de registro eletrônico de títulos e documentos e civil de pessoas jurídicas.
3	Arts. 1 ao 17	Dispõe sobre a uniformização dos procedimentos para a aposição de apostila, no âmbito do Poder Judiciário, da Convenção sobre a Eliminação da Exigência de Legalização de Documentos Públicos Estrangeiros, celebrada na Haia, em 5 de outubro de 1961 (Convenção da Apostila).
4	Arts. 18 a 57 (Revogou o Provimento 67/2018)	Dispõe sobre os procedimentos de conciliação e de mediação nos serviços notariais e de registro do Brasil.

ARTIGOS DO PROVIMENTO 149/2023 DO CNJ (CÓDIGO NACIONAL DE NORMAS DA CORREGEDORIA NACIONAL) APLICÁVEIS AO RCPJ
(lista atualizada até 21.02.2025)

	Artigos do Provimento 149/2023	Assunto tratado
5	Arts. 58 a 64 (Revogou o Provimento 69/2018)	Dispõe sobre o teletrabalho no âmbito dos serviços notariais e de registro do Brasil.
6	Arts. 66 a 71-T (Revogou o Provimento 77/2018)	Dispõe sobre a designação de responsável interino pelo expediente
7	Arts. 137 a 181 (Revogou o Provimento 88/2019)	Dispõe sobre a política, os procedimentos e os controles a serem adotados pelos notários e registradores visando à prevenção dos crimes de lavagem de dinheiro, previstos na Lei 9.613, de 3 de março de 1998, e do financiamento do terrorismo, previsto na Lei 13.260, de 16 de março de 2016, e dá outras providências.
8	Art. 72 (Revogou o Provimento 78/2020*)	Dispõe sobre a incompatibilidade da atividade notarial e de registro com o exercício simultâneo de mandato eletivo e dá outras providências.
9	Arts. 79 a 135 (Revogou o Provimento 134/2022)	Estabelece medidas a serem adotadas pelas serventias extrajudiciais em âmbito nacional para o processo de adequação à Lei Geral de Proteção de Dados Pessoais.
10	Arts. 211 a 228-I (Revogou o Provimento 139/2022)	Regulamenta o Sistema Eletrônico dos Registros Públicos (Serp), o Operador Nacional do Sistema de Registros Públicos (ONSERP), o Fundo para a Implementação e Custeio do Sistema Eletrônico de Registros Públicos (FIC-ONSERP), o Fundo para a Implementação e Custeio do Sistema Eletrônico do Registro Civil de Pessoas Naturais (FIC-RCPN) e o Fundo para a Implementação e Custeio do Sistema Eletrônico do Registro de Títulos e Documentos e Civil de Pessoas Jurídicas (FIC-RTDPJ), instituo Operador Nacional do Registro Civil de Pessoas Naturais (ON-RCPN) e o Operador Nacional do Registro de Títulos e Documentos e Civil de Pessoas Jurídicas (ON-RTDPJ), e dá outras providências

* Provimento 78/2018 do CNJ foi republicado em 2020.

6
DO SISTEMA ELETRÔNICO DE REGISTROS PÚBLICOS (SERP), CRIADO PELA LEI 14.382/2022, DO QUAL O RCPJ ESTÁ INCLUÍDO

6.1 DO SISTEMA ELETRÔNICO DE REGISTROS PÚBLICOS (SERP)

Todos os oficiais dos registros públicos de que trata a Lei 6.015, de 31 de dezembro de 1973 (Lei de Registros Públicos), integram o Serp.

6.1.1 Dos objetivos e responsabilidades

Conforme o art. 3º da Lei 14.382/2022, o Serp tem o objetivo de viabilizar:

I – o registro público eletrônico dos atos e negócios jurídicos;

II – a interconexão das serventias dos registros públicos;

III – a interoperabilidade das bases de dados entre as serventias dos registros públicos e entre as serventias dos registros públicos e o Serp;

IV – o atendimento remoto aos usuários de todas as serventias dos registros públicos, por meio da internet;

V – a recepção e o envio de documentos e títulos, a expedição de certidões e a prestação de informações, em formato eletrônico, inclusive de forma centralizada, para distribuição posterior às serventias dos registros públicos competentes;

VI – a visualização eletrônica dos atos transcritos, registrados ou averbados nas serventias dos registros públicos;

VII – o intercâmbio de documentos eletrônicos e de informações entre as serventias dos registros públicos e:

a) os entes públicos, inclusive por meio do Sistema Integrado de Recuperação de Ativos (Sira), de que trata o Capítulo V da Lei 14.195, de 26 de agosto de 2021; e

b) os usuários em geral, inclusive as instituições financeiras e as demais instituições autorizadas a funcionar pelo Banco Central do Brasil e os tabeliães;

VIII – o armazenamento de documentos eletrônicos para dar suporte aos atos registrais;

IX – a divulgação de índices e de indicadores estatísticos apurados a partir de dados fornecidos pelos oficiais dos registros públicos;

X – a consulta, que será realizada com base em indicador pessoal ou, quando compreender bem especificamente identificável, mediante critérios relativos ao bem objeto de busca:

a) às indisponibilidades de bens decretadas pelo Poder Judiciário ou por entes públicos;

b) às restrições e aos gravames de origem legal, convencional ou processual incidentes sobre bens móveis e imóveis registrados ou averbados nos registros públicos; e

c) aos atos em que a pessoa pesquisada conste como:

1. devedora de título protestado e não pago;

2. garantidora real;

3. cedente convencional de crédito; ou

4. titular de direito sobre bem objeto de constrição processual ou administrativa; e

XI – outros serviços, nos termos estabelecidos pela Corregedoria Nacional de Justiça do Conselho Nacional de Justiça.

O Serp deverá:

I – observar os padrões e os requisitos de documentos, de conexão e de funcionamento estabelecidos pela Corregedoria Nacional de Justiça do Conselho Nacional de Justiça; e

II – garantir a segurança da informação e a continuidade da prestação do serviço dos registros públicos.

O Serp terá operador nacional, sob a forma de pessoa jurídica de direito privado, na forma prevista nos incisos I ou III do *caput* do art. 44 da Lei 10.406, de 10.01.2002 (Código Civil), na modalidade de entidade civil sem fins lucrativos, nos termos estabelecidos pela Corregedoria Nacional de Justiça do Conselho Nacional de Justiça.

Compete aos oficiais dos registros públicos promover a implantação e o funcionamento adequado do Serp, com a disponibilização das informações necessárias, nos termos estabelecidos pela Corregedoria Nacional de Justiça do Conselho Nacional de Justiça, especialmente das informações relativas:

I – às garantias de origem legal, convencional ou processual, aos contratos de arrendamento mercantil financeiro e às cessões convencionais de crédito, constituídos no âmbito da sua competência; e

II – aos dados necessários à produção de índices e de indicadores estatísticos.

É obrigatória a adesão ao Serp dos oficiais dos registros públicos de que trata a Lei 6.015, de 31.12.1973 (Lei de Registros Públicos), ou dos responsáveis interinos pelo expediente. O descumprimento desta regra ensejará a aplicação das penas previstas no art. 32 da Lei 8.935, de 18.11.1994, nos termos estabelecidos pela Corregedoria Nacional de Justiça do Conselho Nacional de Justiça.

6.1.2 Do fundo para a implementação e custeio do sistema eletrônico dos registros públicos

O art. 5º da Lei 14.382/2022, determinou a criação do Fundo para a Implementação e Custeio do Sistema Eletrônico dos Registros Públicos (Fics), subvencionado pelos oficiais dos registros públicos, respeitado o disposto no § 9º do art. 76 da Lei 13.465, de 11.07.2017.

A citada norma deu a incumbência à Corregedoria Nacional de Justiça do Conselho Nacional de Justiça de:

I – disciplinar a instituição da receita do Fics;

II – estabelecer as cotas de participação dos oficiais dos registros públicos;

III – fiscalizar o recolhimento das cotas de participação dos oficiais dos registros públicos; e

IV – supervisionar a aplicação dos recursos e as despesas incorridas.

Os oficiais dos registros públicos foram dispensados de participar da subvenção do Fics na hipótese de desenvolverem e utilizarem sistemas e plataformas interoperáveis necessários para a integração plena dos serviços de suas delegações ao Serp, nos termos estabelecidos pela Corregedoria Nacional de Justiça do Conselho Nacional de Justiça.

O FIC do RTDPJ está normatizado nos artigos 211 a 228-I do Provimento 149/2023 do CNJ (Código Nacional de Normas).

O art. 211 da citada norma, determina que o Sistema Eletrônico de Registros Público (Serp), previsto na Lei n. 14.382, de 27 de junho de 2022, será integrado tecnologicamente e de forma obrigatória pelos oficiais de registros públicos de que trata a Lei n. 6.015, de 31 de dezembro de 1973, responsáveis interinos ou interventores, que disponibilizarão, nos termos estabelecidos pela Corregedoria Nacional de Justiça, as informações necessárias para a sua adequada implantação e funcionamento.

O Serp reger-se-á pelos princípios que disciplinam a Administração Pública em geral e os serviços notariais e registrais, em especial, os princípios da legalidade, integridade, impessoalidade, moralidade, razoabilidade, finalidade, motivação, interesse público, eficiência, segurança, adequação, regularidade, continuidade, atualidade, generalidade, publicidade, autenticidade e cortesia na prestação dos serviços.

É vedada a criação, a implantação e a manutenção de centrais de serviços eletrônicos de registros públicos compartilhados descentralizados (estaduais ou regionais).

As únicas plataformas autorizadas a prestar serviços públicos de registro eletrônico no Brasil são as mantidas pelos operadores integrantes do Serp (ON-RCPN, ONR e ON-RTDPJ), como:

I – o Serviço de Atendimento Eletrônico Compartilhado (SAEC), no caso de Registro de Imóveis (art. 321);

II – a Central de Informações do Registro Civil das Pessoas Naturais (CRC), no caso de Registro Civil das Pessoas Naturais (art. 229);

III – a Central RTDPJ Brasil, no caso de Registro de Títulos e Documentos e de Registro Civil das Pessoas Jurídicas (art. 246)".

É obrigatório a todas as unidades do serviço registral integrarem suas plataformas e sistemas internos à plataforma de serviços de sua especialidade no ambiente do Serp.

Para possibilitar a recepção e envio de títulos e documentos bem como outras atividades destinadas a viabilizar a prestação do serviço eletrônico de registro público, os oficiais de registro público deverão atender aos padrões de segurança e integridade do Serp a serem definidos em Instruções Técnicas de Normalização (ITN) do ONSERP.

Para promover a implantação, a manutenção e o funcionamento do Sistema Eletrônico de Registros Públicos (Serp), será constituído o Operador Nacional do Sistema Eletrônico dos Registros Públicos (ONSERP), sob a forma de pessoa jurídica de direito privado, prevista nos incisos I e III do art. 44 da Lei n. 10.406, de 10 de janeiro de 2002 (Código Civil), na modalidade de entidade civil sem fins lucrativos, de forma a viabilizar os objetivos constantes no art. 3.º da Lei n. 14.382, de 2022.

Integrarão o ONSERP o Operador Nacional do Sistema de Registro Eletrônico de Imóveis (ONR) e os operadores nacionais de registros públicos.

A gestão do ONSERP ficará a cargo do Comitê Executivo de Gestão, composto pelos presidentes dos operadores nacionais de registros públicos, que funcionará sob a orientação e a fiscalização da Corregedoria Nacional de Justiça.

O ONSERP terá sede e foro em Brasília, Distrito Federal.

São atribuições do ONSERP:

I – a implantação e coordenação do Serp, visando ao seu funcionamento uniforme, apoiando os demais operadores nacionais de registros e atuando em cooperação com a Corregedoria Nacional de Justiça e as corregedorias-gerais da Justiça;

II – a operação do Sistema Eletrônico de Registros Públicos (Serp) em consonância com norma específica da Corregedoria Nacional de Justiça, organizando e desenvolvendo as suas atividades estatutárias sob permanente supervisão do agente regulador;

III – a apresentação de sugestões à Corregedoria Nacional de Justiça para edição de instruções técnicas de normatização aplicáveis ao Serp, de modo a propiciar a operação segura do sistema, a interoperabilidade de dados e documentos e a longevidade de arquivos eletrônicos, como também a adaptação eletrônica dos requisitos jurídico-formais implicados nos serviços, visando garantir a autenticidade e a segurança das operações realizadas com documentos digitais; e

IV – a formulação de indicadores de eficiência e a implementação de sistemas em apoio às atividades das corregedorias-gerais da Justiça e do CNJ, que permitam a inspeção remota.

O ONSERP observará:

I – o cumprimento das leis, dos regulamentos, das normas externas e internas, dos convênios e dos contratos, notadamente as normas editadas pela Corregedoria Nacional de Justiça, conforme se extrai dos dispositivos da Lei n. 14.382, de 2022;

II – as normas que regem o segredo de justiça, os sigilos profissional, bancário e fiscal, a autonomia do registrador e sua independência no exercício de suas atribuições, nos termos da Lei n. 8.935, de 18 de novembro de 1994; e

III – as normas gerais e específicas aplicáveis à proteção de dados pessoais, conforme dispõe a Lei Geral de Proteção de Dados (Lei n. 13.709/2018) e este Código Nacional de Normas.

O Operador Nacional do Sistema Eletrônico dos Registros Públicos (ONSERP) será integrado pelo Operador Nacional do Registro Civil das Pessoas Naturais (ON-RCPN), pelo Operador Nacional do Registro de Títulos e Documentos e Civil das Pessoas Jurídicas (ON-RTDPJ) e pelo ONR.

As unidades do serviço de Registro Civil das Pessoas Naturais e de Registro de Títulos e Documentos e Civil das Pessoas Jurídicas dos Estados e do Distrito Federal integram o Serp, na forma disposta no art. 211 do Provimento 149/2023, e ficam vinculadas ao ON-RCPN e ao ON-RTDPJ, respectivamente.

Os registradores civis das pessoas naturais e os registradores de títulos e documentos e civis das pessoas jurídicas do Brasil, por meio de suas entidades representativas de caráter nacional já instituídas em 1º de fevereiro de 2023, ficam autorizados a constituir formalmente e organizar, respectivamente, o ON-RCPN e o ON-RTDPJ, na forma de pessoas jurídicas de direito privado, sem fins lucrativos.

Os registradores civis das pessoas naturais e os registradores de títulos e documentos e civis das pessoas jurídicas do Brasil, por meio de suas entidades representativas de caráter nacional já instituídas em 1º de fevereiro de 2023, respectivamente, apresentarão propostas de estatuto do ON-RCPN e do ON-RTDPJ.

Os estatutos do ON-RCPN e do ON-RTDPJ deverão ser aprovados pelos oficiais de registros das respectivas especialidades de todo o território nacional, reunidos em assembleia geral.

Os registradores civis das pessoas naturais e os registradores de títulos e documentos e civis das pessoas jurídicas vinculados ao ON-RCPN e ao ON-RTDPJ, respectivamente, serão convocados para as assembleias gerais nos demais casos previstos em seus estatutos.

A assembleia geral de que trata o § 3º do artigo 214 do Provimento 149/2023 do CNJ, será convocada pelas entidades representativas dos oficiais dos respectivos registros, de caráter nacional e já instituídas em 1º de fevereiro de 2023, alcançando os filiados e não filiados, sob supervisão da Corregedoria Nacional de Justiça.

A Corregedoria Nacional de Justiça atuará como agente regulador do ONSERP, ON-RCPN e do ON-RTDPJ, conforme regulamento a ser editado nos moldes da regulamentação do ONR.

O estatuto aprovado pela assembleia geral e suas alterações deverão ser submetidos à Corregedoria Nacional de Justiça para homologação, no exercício de sua função de agente regulador.

As pessoas jurídicas do ON-RCPN e do ON-RTDPJ, mantidas e administradas conforme deliberação da assembleia geral, somente poderão ter em seu quadro diretivo delegatários que estejam em pleno exercício da atividade.

Após aprovação, os estatutos serão registrados no 1º Ofício de Registro Civil das Pessoas Jurídicas de Brasília/DF.

Os operadores nacionais de registros públicos manterão registros contábeis, financeiros e administrativos, de acordo com as correspondentes arrecadações, deduzidas eventuais despesas a título de ressarcimentos.

Os recursos financeiros para desenvolvimento, implantação, sustentação e evolução do Sistema Eletrônico de Registros Públicos (Serp) advirão do Fundo para a Implementação e Custeio do Sistema Eletrônico dos Registros Públicos (FIC-ONSERP), criado pelo art. 5º da Lei 14.382, de 2022.

O FIC-ONSERP será subvencionado indiretamente pelos oficiais dos registros públicos, responsáveis interinos ou interventores, dos estados e do Distrito Federal, mediante repasses de percentual das rendas do FIC-RCPN, FIC-RTDPJ e FIC/SREI, em montante a ser definido em processo administrativo análogo ao destinado à definição da cota de participação desses fundos setoriais.

Constituem rendas do ON-RCPN e do ON-RTDPJ:

I – o Fundo para a Implementação e Custeio do Sistema Eletrônico do Registro Civil de Pessoas Naturais (FIC-RCPN) e o Fundo para a Implementação e Custeio do Sistema Eletrônico do Registro de Títulos e Documentos e Civil de Pessoas Jurídicas (FIC-RTDPJ), subvencionados pelos oficiais dos registros públicos, ou responsáveis interinos ou interventores, respectivos dos estados e do Distrito Federal, na forma do art. 5º da Lei n. 14.382 de 2022;

II – os valores recebidos em atos de liberalidade, como doações e legados;

III – as rendas oriundas de prestação de serviços facultativos, nos termos do art. 42-A da Lei n. 8.935, de 18 de novembro de 1994, e da alienação ou locação de seus bens; e

IV – as rendas eventuais.

A cota da subvenção será definida em processo administrativo instaurado pela Corregedoria Nacional de Justiça, no qual serão realizados estudos sobre o volume de arrecadação dos emolumentos brutos pelos atos praticados nos respectivos registros públicos e colhidas informações sobre os montantes estimados necessários para implementação, sustentação e evolução do Serp por cada operador de registros públicos.

O recolhimento da cota de participação será efetuado até o último dia útil de cada mês, com base nos emolumentos percebidos no mês imediatamente anterior.

OFIC-ONSERP, o FIC-RCPN e o FIC-RTDPJ são geridos pelos respectivos operadores nacionais setoriais (ONSERP, ON-RCPN e ON-RTDPJ), e as regras relativas ao seu custeio, com inclusão dos percentuais de cota de participação devida pelos contribuintes, observará o disposto no Provimento nº 159, de 18 de dezembro de 2023.

Ao Operador Nacional do Sistema Eletrônico de Registros Públicos (ONSERP), ao ONR, ao ON-RCPN e ao ON-RTDPJ, bem como aos tabeliães e aos registradores, é vedado cobrar dos usuários do serviço público delegado valores, a qualquer título e sob qualquer pretexto, pela prestação de serviços eletrônicos relacionados com a atividade dos registradores públicos, inclusive pela intermediação dos próprios serviços, conforme disposto no art. 25, *caput*, da Lei n. 8.935 de 1994, sob pena de ficar configurada a infração administrativa prevista no artigo 31, I, II, III e V, da referida Lei.

O Agente Regulador dos Operadores Nacionais dos Registros Públicos (ONSERP, ONR, ON-RCPN e ON-RTDPJ), é o órgão da Corregedoria Nacional de Justiça encarregado de exercer a competência reguladora, conforme se extrai dos seguintes dispositivos da Lei n. 14.382/2002: inciso XI do art. 3º; § 3º, I, do art. 3º; parte final do § 4º do art. 3º; parte final do *caput* do art. 4º; § 2º, do art. 4º; §§ 1º e 2º do art. 5º; art. 7º e art. 8º.

O Agente Regulador funcionará por meio dos seguintes órgãos internos:

I – Secretaria Executiva;

II – Câmara de Regulação; e

III – Conselho Consultivo.

Competem ao Agente Regulador, observados os princípios regentes do Sistema Eletrônico dos Registros Públicos, as seguintes atribuições de regulação:

I – regular as atividades relacionadas à implementação e à operação do Serp por meio de diretrizes direcionadas ao ONSERP;

II – propor diretrizes para o funcionamento do ONSERP;

III – formular propostas ao planejamento estratégico do ONSERP, ONR, ON-RCPN e ON-RTDPJ, sempre visando atingir os seus fins estatutários;

IV – aprovar as diretrizes nacionais e monitorar a execução do planejamento estratégico do ONSERP, ONR, ON-RCPN e ON-RTDPJ;

V – zelar pelo cumprimento do estatuto do ONSERP, ONR, ON-RCPN e ON-RTDPJ, e pelo alcance de suas finalidades para as quais foram instituídos;

VI – homologar as Instruções Técnicas de Normalização (ITN) aplicáveis ao ONSERP, ONR, ON-RCPN e ON-RTDPJ, propostas pela direção de cada operador, bem como revisá-las ou revogá-las a qualquer tempo, conforme regulamentação própria;

VI – suspender, cautelarmente, e cassar, a qualquer tempo, de ofício ou por solicitação, as Instruções Técnicas de Normalização (ITN) editadas pelo ONSERP, ONR, ON-RCPN e ON-RTDPJ.

VII – participar da elaboração dos indicadores estatísticos pertinentes à atividade registral, zelando sempre pela aplicação da Lei Geral de Proteção de Dados Pessoais e regras do Título VI do Livro I do presente Código de Normas.

VIII – regular as atividades do ONSERP, ONR, ON-RCPN e ON-RTDPJ, quando necessário, por meio de diretrizes propostas pela Câmara de Regulação, após audiência com os representantes do Operadores, sempre com o objetivo de zelar pelo cumprimento dos seus fins estatutários e para o estrito cumprimento das finalidades legais dos referidos Operadores Nacionais dos Registros Públicos;

IX – zelar pela implantação do Serp e pelo contínuo aperfeiçoamento de seu funcionamento;

X – aprovar as alterações estatutárias do ONSERP, ONR, ON-RCPN e ON-RTDPJ;

XI – elaborar e aprovar o Regimento Interno do Agente Regulador; e

XII – responder consultas concernentes à adequada interpretação do Estatuto do ONSERP, ONR, ON-RCPN e ON-RTDPJ.

Das decisões do Agente Regulador, não caberá recurso administrativo.

Os órgãos internos do Agente Regulador poderão, a qualquer tempo, solicitar informes aos operadores nacionais ou convidar seus dirigentes a participar de reuniões ordinárias ou extraordinárias.

A fiscalização do ONSERP, ONR, ON-RCPN e ON-RTDPJ será exercida diretamente pela Corregedoria Nacional de Justiça, Agente Regulador dos referidos Operadores Nacionais dos Registros Públicos, a qual caberá:

I – fiscalizar a gestão administrativa e financeira, buscando sempre assegurar a sua sustentabilidade e o cumprimento de seus fins estatutários;

II – exercer a atividade correcional, por meio de visitas, inspeções, correições ordinárias e extraordinárias, inclusive intervenções previstas na Lei Federal n. 8.935/1994, com vistas a assegurar o estrito respeito às finalidades do ONSERP, ONR, ON-RCPN e ON-RTDPJ.

No exercício de funções de planejamento, fiscalização e controle, o Agente Regulador poderá atuar de ofício.

São atribuições da Secretaria Executiva do Agente Regulador do ONSERP, ONR, ON-RCPN e ON-RTDPJ:

I – receber e processar os procedimentos administrativos de competência do Agente Regulador;

II – elaborar a pauta das reuniões e secretariar os trabalhos de competência da Câmara de Regulação e do Conselho Consultivo, formalizando a convocação, a pedido dos respectivos coordenadores desses órgãos internos, e lavrando as atas das reuniões;

III – secretariar os trabalhos de fiscalização do Agente Regulador do ONSERP, ONR, ON-RCPN e ON-RTDPJ, de competência da Corregedoria Nacional de Justiça, quando for o caso, lavrando as respectivas atas;

IV – outras atividades que lhe sejam atribuídas pela Câmara de Regulação, pelo Conselho Consultivo, ou pelo Regimento Interno do Agente Regulador.

A Coordenadoria de Gestão de Serviços Notariais e de Registro da Corregedoria Nacional de Justiça – CONR funcionará como Secretaria Executiva do Agente Regulador.

A Câmara de Regulação do Agente Regulador será integrada por 7 (sete) membros, designados pelo Corregedor Nacional de Justiça.

A coordenação da Câmara de Regulação competirá a um Juiz Auxiliar da Corregedoria designado pelo Corregedor Nacional de Justiça.

Serão designados dois suplentes que se revezarão, quando possível, para atuar nos impedimentos dos membros titulares, inclusive naqueles ocasionados por necessidade de serviço.

Compete à Câmara de Regulação deliberar sobre todas as atividades do Agente Regulador, especialmente aquelas do elenco dos artigos 220-D e 220-E do Provimento 149/2023 do CNJ, assim como propor soluções e ações para promover os objetivos do Serp, ONSERP, ONR, ON-RCPN e ON-RTDPJ.

As deliberações, propostas de portarias, ordens de serviço, ofícios circulares e decisões administrativas com caráter normativo da Câmara de Regulação serão submetidas ao Corregedor Nacional de Justiça para homologação.

O Corregedor Nacional de Justiça poderá delegar a Juiz Auxiliar da Corregedoria Nacional a homologação dos atos deliberativos e a assinatura dos atos correspondentes, no todo ou em parte.

Os atos e decisões propostos pela Câmara de Regulação, uma vez homologados, serão publicados no Diário da Justiça Eletrônico – DJe para que se dê publicidade e tenham vigência.

O Conselho Consultivo do Agente Regulador será integrado por 11 (onze) membros designados pelo Corregedor Nacional de Justiça.

A coordenação do Conselho Consultivo competirá a um Juiz Auxiliar da Corregedoria designado pelo Corregedor Nacional de Justiça.

As designações recairão, preferencialmente, sobre nomes com notório saber nas áreas do direito registral imobiliário, civil das pessoas naturais, de título e documentos e civil das pessoas jurídicas, notas e protestos, da administração pública, da gestão estratégica, da tecnologia da informação e da proteção de dados.

Na forma do Regimento Interno do Agente Regulador, a função do Conselho será planejar e propor diretrizes para o funcionamento do SERP, ONSERP, ONR, ON-RCPN e ON-RTDPJ, além de promover estudos, sugerir estratégias e formular propostas em geral, a fim de que sejam apreciadas pela Câmara de Regulação, sempre visando aos fins estatutários.

Não são remunerados quaisquer dos serviços prestados pelos integrantes da Câmara de Regulação e do Conselho Consultivo do Agente Regulador, constituindo suas atividades serviço público voluntário e de relevante interesse público.

O ONSERP, o ONR, o ON-RCPN e o ON-RTDPJ observarão as disposições estatutárias e as orientações gerais editadas pela Corregedoria Nacional de Justiça para composição de receitas e execução de despesas, bem como prestarão contas anuais aos respectivos órgãos internos e ao agente regulador, acompanhadas de pareceres produzidos por auditoria independente.

A prestação de contas e os pareceres também deverão ser apresentados sempre que solicitado pelo agente regulador.

O ONSERP, ONR, ON-RCPN e ON-RTDPJ apresentarão ao agente regulador relatórios semestrais de gestão, sem prejuízo dos demais deveres tratados no Provimento 149 do CNJ e nos atos próprios da Câmara de Regulação.

Ao ONSERP, ONR, ON-RCPN e ON-RTDPJ são aplicáveis, no que couber, as disposições do art. 37 e art. 38, ambos da Lei n. 8.935 de 1994.

O Operador Nacional do Sistema de Registro Eletrônico de Imóveis (ONR) manterá sua organização e governança na forma estabelecida no art. 76 da Lei n. 13.465, de 11 de julho de 2017, e nos atos normativos expedidos pela Corregedoria Nacional de Justiça.

Para viabilizar a consulta referida no art. 3º, X, "c", "1", da Lei n. 14.382, de 2022, diretamente no Serp, a Central Nacional de Serviços Eletrônicos Compartilhados dos Tabeliães de Protesto (CENPROT), prevista no art. 41-A da Lei n. 9.492, de 10 de setembro de 1997, será integrada por meio de Interface de Programação de Aplicação (API).

O intercâmbio de documentos eletrônicos e de informações entre as serventias de registros públicos e os tabeliães de notas, nos termos do art. 3º, VII, "b", da Lei n. 14.382, de 2022, será feito por meio de Interface de Programação de Aplicação (API).

As entidades representativas de caráter nacional já constituídas em 1.º de fevereiro de 2023 deverão, até o dia 2 de maio de 2023, instituir os pertinentes operadores nacionais na forma do Provimento 149/2023 do CNJ.

No prazo de 15 dias da composição do ON-RCPN e do ON-RTDPJ, aqueles que integrarão o Comitê Executivo de Gestão do ONSERP apresentarão proposta de estatuto para homologação pela Corregedoria Nacional de Justiça.

Após a homologação, o Comitê Executivo de Gestão realizará a constituição jurídica do ONSERP, na forma disciplinada no Provimento 149 do CNJ.

Ficam instituídos os seguintes módulos nos sistemas eletrônicos do ON-RCPN:

I – Sistema de Autenticação Eletrônica do Registro Civil – IdRC;

II – Infraestrutura de Chaves Públicas do Registro Civil – ICP-RC,

III – Lista de Serviços Eletrônicos Confiáveis do Registro Civil do Brasil – LSEC-RCPN.

A documentação técnica referente ao IdRC e à ICP-RC será apresentada à Corregedoria Nacional de Justiça, onde ficará arquivada e será publicada na página eletrônica do ON-RCPN (https://onrcpn.org.br/icp).

A utilização do IdRC e da ICP-RC, para o acesso ao sistema eletrônico do ON-R-CPN e para a prática dos atos de Registro Civil das Pessoas Naturais, não gerará custos para o usuário.

O IdRC é destinado à autenticação e ao controle de acesso de usuários internos e externos e utilizará o acesso às bases de dados biográficos do Registro Civil das Pessoas Naturais e dados biométricos, na forma do art. 9º da Lei n. 14.382, de 27 de junho de 2022, para validação da identificação do titular.

Se o batimento dos dados biométricos não permitir a identificação do titular, o oficial de Registro Civil poderá fazê-lo presencialmente, à vista de documento de identificação oficial e válido, equiparada a esta a manifestação eletrônica na forma do § 8º do art. 67 da Lei n. 6.015, de 31 de dezembro de 1973.

O IdRC será considerado válido para identificação e autenticação de usuários em todas as plataformas e serviços do Serp, inclusive pelas demais especialidades de registro, sem prejuízo da possibilidade ou obrigatoriedade legal de utilização de certificados qualificados da Infraestrutura de Chaves Públicas Brasileira – ICP-Brasil, ou de outras formas de identificação previstas em Instrução Técnica de Normalização – ITN homologada pela Corregedoria Nacional de Justiça.

O IdRC será considerado válido para identificação e autenticação de usuários em todas as plataformas e serviços do Serp, inclusive pelas demais especialidades de registro, sem prejuízo da possibilidade ou obrigatoriedade legal de utilização da assinatura eletrônica qualificada, tratada na Lei 14.063/2020, ou de outras formas de identificação previstas em Instrução Técnica de Normalização – ITN.

O IdRC poderá ser utilizado para a indexação e correlação dos atos de registro e averbação praticados pelos oficiais do Registro Civil.

A ICP-RC será utilizada para a gestão do ciclo de vida de chaves públicas de assinaturas eletrônicas avançadas, em conformidade com o disposto no art. 38 da Lei n. 11.977, de 7 de julho de 2009, e art. 4º, II, da Lei n. 14.063, de 23 de setembro de 2020.

A ICP-RC não integra a cadeia hierárquica da ICP-Brasil.

Serão regulamentadas, mediante edição de ITNs e homologação da Corregedoria Nacional, modalidades de assinatura eletrônica avançada não compreendidas na hierarquia da ICP-RC, de menor nível de exigência de requisitos de segurança, destinadas à prática de atos de menor criticidade, nos limites da Lei 14.063/2020.

Serão regulamentadas, mediante edição de ITNs, modalidades de assinatura eletrônica avançada não compreendidas na hierarquia da ICP-RC, de menor nível de exigência de requisitos de segurança, destinadas à prática de atos de menor criticidade, nos limites da Lei n. 14.063/2020.

A LSEC-RCPN conterá dados que descrevem os serviços aceitos como confiáveis pelo ON-RCPN.

A LSEC-RCPN será mantida, atualizada e publicada pelo ON-RCPN.

Serão regulamentadas, mediante edição de ITNs, as alterações, inclusões e exclusões de serviços da LSEC-RCPN.

A ICP-RC integra a LSEC-RCPN.

É válida a utilização de assinaturas eletrônicas cuja raiz estiver registrada na LSEC-RCPN para os atos descritos nos art. 38 da Lei n. 11.977, de 7 de julho de 2009, art. 17 da Lei n. 6.015, de 31 de dezembro de 1973, e no art. 17-A da Lei n. 14.063, de 14 de julho de 2023.

Os demais Operadores Nacionais dos Registros Públicos (ONSERP, ONR e ON-RTDPJ) poderão adotar a LSEC-RCPN.

A regulamentação das disposições desta Seção ocorrerá mediante edição de ITNs do ON-RCPN, quando necessário.

O ONSERP, ONR, ON-RCPN e ON-RTDPJ disporão de órgão técnico, dentro de suas respectivas estruturas, denominados Comitê de Normas Técnicas, com a sigla CNT seguida da sigla de cada Operador, incumbidos da edição de Instruções Técnicas de Normalização (ITNs) destinadas ao detalhamento de orientações aos oficiais de registros públicos sobre o cumprimento de determinações legais ou normativos que digam respeito às plataformas, sistemas e serviços eletrônicos.

As Instruções Técnicas de Normalização (ITNs) aprovadas pelo ONSERP, ONR, ON-RCPN e ONRTDPJ entram em vigor imediatamente após a publicação pelo respectivo Operador, independentemente de homologação do Agente Regulador.

Concomitantemente com a publicação, as ITNs deverão ter seu acesso disponibilizado de forma eletrônica ao Agente Regulador, com aviso ou alerta sobre a inclusão no sistema dos Operadores.

As ITNs ficam sujeitas, a qualquer tempo, à suspensão cautelar e à cassação, caso exorbitem da atribuição de normalização dos Operadores ou incorram em colidência com disposição legal ou normativa, o que pode ser feito de ofício pelo Agente Regulador ou a requerimento de qualquer interessado.

Cada Operador deverá manter registro das ITNs, atualizado e de fácil acesso ao público e ao Agente Regulador, com histórico de alterações, revogações, suspensões ou cassações.

As matérias que não possam ser objeto de ITN poderão ser encaminhadas ao Agente Regulador como proposta de alteração ou edição de norma administrativa.

Caso seja recorrente a extrapolação de atribuições por qualquer dos Operadores, a edição de ITNs poderá ser suspensa pelo Agente Regulador, e toda a pretensão regulatória deverá ser objeto de proposta de provimento ou decisão normativa. O Registro Civil de Pessa Jurídica possui central própria, chamada de *Central ONRTDPJ*, que pode ser acessada pelo site www.rtdbrasil.org.br, que permite o intercâmbio de informações entre todos os cartórios de RCPJ e de RTD do país, bem como a vários órgãos da administração pública, do Poder Judiciário e o público em geral.

Nessa central é possível ao usuário protocolar um título para registro/averbação, e também solicitar certidões, de qualquer lugar do mundo, de forma remota sem precisar comparecer no cartório, e acompanhar sua solicitação até a conclusão.

Ela é administrada e operada pelo ONRTDPJ (Operador Nacional do Registro Civil de Pessoas Jurídicas), conforme legislação vigente.

6.1.3 Dos extratos eletrônicos para registros ou averbações

Os oficiais dos registros públicos, quando cabível, receberão dos interessados, por meio do Serp, os extratos eletrônicos para registro ou averbação de fatos, de atos e de negócios jurídicos, hipótese em que:

I – o oficial:

a) qualificará o título pelos elementos, pelas cláusulas e pelas condições constantes do extrato eletrônico; e

b) disponibilizará ao requerente as informações relativas à certificação do registro em formato eletrônico.

II – o requerente poderá, a seu critério, solicitar o arquivamento da íntegra do instrumento contratual que deu origem ao extrato eletrônico relativo a bens móveis;

III – os extratos eletrônicos relativos a bens imóveis deverão, obrigatoriamente, ser acompanhados do arquivamento da íntegra do instrumento contratual, em cópia simples, exceto se apresentados por tabelião de notas, hipótese em que este arquivará o instrumento contratual em pasta própria.

IV – os extratos eletrônicos relativos a bens imóveis produzidos pelas instituições financeiras que atuem com crédito imobiliário autorizadas a celebrar instrumentos particulares com caráter de escritura pública poderão ser apresentados ao registro eletrônico de imóveis e as referidas instituições financeiras arquivarão o instrumento contratual em pasta própria (essa regra foi incluída pela Medida Provisória 1.162, de 14.02.2023, então depende de sua conversão em lei).

O instrumento contratual a que se referem os itens II e III acima, será apresentado por meio de documento eletrônico ou digitalizado, acompanhado de declaração, assinada eletronicamente, de que seu conteúdo corresponde ao original firmado pelas partes.

No caso de extratos eletrônicos para registro ou averbação de atos e negócios jurídicos relativos a bens imóveis, ficará dispensada a atualização prévia da matrícula quanto aos dados objetivos ou subjetivos previstos no art. 176 da Lei 6.015, de 31.12.1973 (Lei de Registros Públicos), exceto dos dados imprescindíveis para comprovar a subsunção do objeto e das partes aos dados constantes do título apresentado, ressalvado o seguinte:

I – não poderá ser criada nova unidade imobiliária por fusão ou desmembramento sem observância da especialidade; e

II – subordinar-se-á a dispensa de atualização à correspondência dos dados descritivos do imóvel e dos titulares entre o título e a matrícula.

Será dispensada, no âmbito do registro de imóveis, a apresentação da escritura de pacto antenupcial, desde que os dados de seu registro e o regime de bens sejam indicados no extrato eletrônico mencionado acima, com a informação sobre a existência ou não de cláusulas especiais.

6.1.4 Da competência da Corregedoria Nacional de Justiça

Caberá à Corregedoria Nacional de Justiça do Conselho Nacional de Justiça disciplinar o disposto nos arts. 37 a 41 e 45 da Lei 11.977, de 07.07.2009, e o disposto na Lei 14.382/2022, em especial os seguintes aspectos:

I – os sistemas eletrônicos integrados ao Serp, por tipo de registro público ou de serviço prestado;

II – o cronograma de implantação do Serp e do registro público eletrônico dos atos jurídicos em todo o País, que poderá considerar as diferenças regionais e as características de cada registro público;

III – os padrões tecnológicos de escrituração, indexação, publicidade, segurança, redundância e conservação de atos registrais, de recepção e comprovação da autoria e da integridade de documentos em formato eletrônico, a serem atendidos pelo Serp e pelas serventias dos registros públicos, observada a legislação;

IV – a forma de certificação eletrônica da data e da hora do protocolo dos títulos para assegurar a integridade da informação e a ordem de prioridade das garantias sobre bens móveis e imóveis constituídas nos registros públicos;

V – a forma de integração do Sistema de Registro Eletrônico de Imóveis (SREI), de que trata o art. 76 da Lei 13.465, de 11.07.2017, ao Serp;

VI – a forma de integração da Central Nacional de Registro de Títulos e Documentos, prevista no § 2º do art. 3º da Lei 13.775, de 20.12.2018, ao Serp;

VII – os índices e os indicadores estatísticos que serão produzidos por meio do Serp, a forma de sua divulgação e o cronograma de implantação da obrigatoriedade de fornecimento de dados ao Serp;

VIII – a definição do extrato eletrônico e os tipos de documentos que poderão ser recepcionados dessa forma;

IX – o formato eletrônico em que o oficial irá disponibilizar ao requerente as informações relativas à certificação do registro em formato eletrônico;

X – outros serviços a serem prestados por meio do Serp.

A Corregedoria Nacional de Justiça do Conselho Nacional de Justiça recebeu o poder para definir, em relação aos atos e negócios jurídicos relativos a bens móveis, os tipos de documentos que serão, prioritariamente, recepcionados por extrato eletrônico.

6.1.5 Do acesso a bases de dados de identificação

Para verificação da identidade dos usuários dos registros públicos, as bases de dados de identificação civil, inclusive de identificação biométrica, dos institutos de identificação civil, das bases cadastrais da União, inclusive do Cadastro de Pessoas Físicas da Secretaria Especial da Receita Federal do Brasil do Ministério da Economia e da Justiça Eleitoral, poderão ser acessadas, a critério dos responsáveis pelas referidas bases de dados, desde que previamente pactuado, por tabeliães e oficiais dos registros públicos, observado o disposto nas Leis 13.709, de 14.08.2018 (Lei Geral de Proteção de Dados Pessoais), e 13.444, de 11.05.2017 (Identificação Civil Nacional).

6.1.6 Da Central do Registro de Títulos e Documentos e Civil de Pessoas Jurídicas – Central do RTDPJ

A Central do Registro de Títulos e Documentos e Civil de Pessoas Jurídicas (Central do RTDPJ), é regulamentada pelo Provimento 149 de 30 de agosto de 2023 do CNJ, sendo organizada e mantida pelo ON-RTDPJ.

É obrigatória a adesão de todos os oficiais de registro de títulos e documentos e os oficiais de registro civil das pessoas jurídicas à Central RTDPJ Brasil.

A Central RTDPJ Brasil compreende, dentre outras atividades necessárias à prestação eletrônica dos serviços:

I – o intercâmbio de documentos eletrônicos e de informações entre os ofícios de registro de títulos e documentos e civil de pessoas jurídicas, o Poder Judiciário, a Administração Pública e o público em geral;

II – a recepção e o envio de títulos em formato eletrônico;

III – a expedição de certidões e a prestação de informações em formato eletrônico;

IV – a formação, nos cartórios competentes, de repositórios registrais eletrônicos para o acolhimento de dados e o armazenamento de documentos eletrônicos; e

V – a recepção de títulos em formato físico (papel) para fins de inserção no próprio sistema, objetivando enviá-los para o registro em cartório de outra comarca.

O intercâmbio de documentos eletrônicos e de informações entre os ofícios de registro de títulos e documentos e civil de pessoas jurídicas, o Poder Judiciário, a Administração Pública e o público em geral será realizado exclusivamente por meio daCentral RTDPJ Brasil.

Em todas as operações das centrais de serviços eletrônicos compartilhados, serão obrigatoriamente respeitados os direitos à privacidade, à proteção dos dados pessoais e ao sigilo das comunicações privadas e, se houver, dos registros.

Em todas as operações que ocorrerem por meio da Central RTDPJ Brasil, serão obrigatoriamente respeitados os direitos à privacidade, à proteção dos dados pessoais e ao sigilo das comunicações privadas e, se houver, dos registros.

Todas as solicitações feitas por meio da Central RTDPJ Brasil serão enviadas ao ofício de registro de títulos e documentos e civil das pessoas jurídicas competente, que será o único responsável pelo processamento e atendimento.

Os oficiais de registro de títulos e documentos e civil de pessoas jurídicas deverão manter, em segurança e sob seu exclusivo controle, indefinida e permanentemente, os livros, classificadores, documentos e dados eletrônicos e responderão por sua guarda e conservação.

A Lista de Serviços Eletrônicos Confiáveis do Registro de Títulos e Documentos e Civil das Pessoas Jurídicas LSEC-RTDPJ descreverá os serviços considerados confiáveis pelo ON-RTDPJ, e conterá, pelo menos, os serviços de assinatura eletrônica: (redação dada pelo Provimento n. 180, de 16.8.2024)

I – da ICP-Brasil;

II – da Lista de Serviços Eletrônicos Confiáveis do Registro Civil do Brasil – LSEC-RCPN, instituída pelo artigo Art. 228-F do Provimento 149/2023 do CNJ;

III – da Plataforma gov.br, mediante reconhecimento facial ou certificado digital de níveis prata ou ouro;

IV – do Sistema de Autenticação Eletrônica do Registro Civil – IdRC, instituída pelo Artigo 228-B do Provimento 149/2023 do CNJ;

V – do e-Notariado.

LSEC-RTDPJ poderá adotar o sistema de autenticação eletrônica do Registro Civil (IdRC) e aceitar serviços inclusos na Lista de Serviços Eletrônicos Confiáveis do Registro Civil do Brasil (LSEC-RCPN).

A LSEC-RTDPJ será mantida, atualizada e publicada pelo ON-RTDPJ.

A LSEC-RTDPJ será regulamentada mediante Instrução Técnica de Normalização (ITN), expedida pelo ON-RTDPJ, que poderá alterar, incluir e excluir serviços nela previstos, bem como disciplinar a extensão do acesso das assinaturas previstas no Provimento 149 do CNJ no âmbito do RTD e do RCPJ.

Os livros do registro de títulos e documentos e civil de pessoas jurídicas serão escriturados e mantidos segundo a Lei n. 6.015, de 31 de dezembro de 1973, podendo, para este fim, ser adotados os sistemas de computação, microfilmagem, disco óptico e outros meios de reprodução, nos termos do art. 41 da Lei n. 8.935, de 18 de novembro de 1994, e conforme as normas editadas pelas corregedorias-gerais de Justiça dos estados e do Distrito Federal, sem prejuízo da escrituração eletrônica em repositórios registrais eletrônicos.

Os repositórios registrais eletrônicos receberão os dados relativos a todos os atos de registro e aos títulos e documentos que lhes serviram de base.

Para a criação, atualização, manutenção e guarda permanente dos repositórios registrais eletrônicos deverão ser observados:

I – a especificação técnica do modelo de sistema digital para implantação de sistemas de registro de títulos e documentos e civil de pessoas jurídicas eletrônico, segundo Recomendações da Corregedoria Nacional da Justiça;

II – as Recomendações para Digitalização de Documentos Arquivísticos Permanentes de 2010, baixadas pelo Conselho Nacional de Arquivos – Conarq; e

III – os atos normativos baixados pelas corregedorias-gerais de Justiça dos estados e do Distrito Federal e dos Territórios.

Sempre que solicitado, documentos físicos (papel) poderão ser recepcionados por serventia de registro de títulos e documentos para envio a comarca diversa, o que se dará mediante desmaterialização e transmissão, com uso obrigatório da Central RTDPJ Brasil.

Para o fim referido no caput deste artigo, os oficiais de RTDPJ recepcionarão o título em meio físico, farão seu lançamento no livro de protocolo e, em seguida, providenciarão a digitalização e inserção na Central RTDPJ Brasil, o que se dará mediante envio de arquivo assinado digitalmente que contenha certidão relativa a todo o procedimento e imagem eletrônica do documento.

Ao apresentar seu documento e declarar a finalidade de remessa para registro em outra serventia, o interessado preencherá requerimento em que indicará, além de seus dados pessoais e endereço eletrônico (e-mail), a comarca competente para o registro.

Após o procedimento previsto nos parágrafos anteriores, a cada envio, a serventia devolverá ao interessado o documento físico e lhe entregará recibo com os valores cobrados e a indicação do sítio eletrônico da Central RTDPJ Brasil, na qual deverá acompanhar a tramitação do pedido e poderá visualizar o arquivo com a certidão enviada.

O cartório destinatário, por meio da Central RTDPJ Brasil, informará aos usuários eventuais exigências, valores devidos de emolumentos e taxas e, por fim, disponibilizará o título registrado em meio eletrônico para download.

REFERÊNCIAS

ARRUDA ALVIM, José Manoel; CLÁPIS, Alexandre Laizo; CAMBLER, Everaldo Augusto (Coord.). *Lei de Registros Públicos Comentada*, 2 ed. Rio de Janeiro: Forense, 2019.

BATALHA, Wilson de Souza Campos. *Comentários à Lei dos Registros Públicos*. 2 ed. Rio de Janeiro: Forense, 1979.

BRUSCHI, Gilberto Gomes; NOLASCO, Rita Dias; AMADEO, Rodolfo da Costa Manso Real. *Fraudes patrimoniais e a desconsideração da personalidade jurídica no Código de Processo Civil de 2015*. São Paulo: Ed. RT, 2016.

CARVALHO, Afrânio. *Registro de Imóveis*. 4. ed. Rio de Janeiro: Forense, 1997.

CASSETTARI, Christiano. *Elementos de direito civil*. 11. ed. Indaiatuba: Foco, 2023.

CENEVIVA, Walter. *Lei dos Registros Públicos Comentada*. 20. ed. São Paulo, Saraiva, 2010.

COELHO, Fábio Ulhoa. *Direito antitruste brasileiro*. São Paulo: Saraiva, 1995.

DIDIER JÚNIOR. Fredie. *Regras processuais no novo código civil*. São Paulo: Saraiva, 2004.

DINIZ, Maria Helena. *Curso de direito civil brasileiro*. Teoria geral do direito civil. 25. ed. São Paulo: Saraiva, 2018. v. 1.

FARIAS, Cristiano Chaves; ROSENVALD, Nelson. *Curso de Direito Civil: Parte Geral e LINDB*. 21. ed. Salvador: Juspodium, 2013. v. 1.

GAGLIANO, Pablo Stolze; PAMPLONA FILHO, Rodolfo. *Novo Curso de Direito Civil: Parte Geral*. São Paulo: Saraiva, 2022. v.1.

LAMANA PAIVA, João Pedro. *Procedimento de Dúvida Registral*. Indaiatuba: Foco, 2023.

LEONARDO, Rodrigo Xavier. *Associações sem fins econômicos*. São Paulo: Ed. RT, 2014.

MALUF, Carlos Alberto Dabus; MALUF, Adriana Caldas do Rego Freitas Dabus. *Introdução ao Direito Civil*. São Paulo: Saraiva, 2018.

TEPEDINO, Gustavo. Crise de fontes normativas. In: TEPEDINO, Gustavo; BARBOZA, Heloísa Helena; MORAES, Maria Celina Bodin de. *Código Civil interpretado conforme a Constituição da República*. Rio de Janeiro: Renovar, 2004. v. I.

TOMASEVICIUS FILHO, Eduardo. *O princípio da boa-fé no Direito Civil*. São Paulo: Almedina Brasil, 2020.

Anotações